JN208246

学芸員の現場で役立つ基礎と実践

博物館展示論

第2版

黒澤 浩《編著》
Kurosawa Hiroshi

 KODANSHA

執筆者一覧

安斎　聡子　　　　青山学院大学コミュニティ人間科学部　教授（3.9節）

石川　貴敏　　　　株式会社丹青研究所　文化空間情報部部長　上席研究員
　　　　　　　　　　（4.2節）

井口　智子　　　　名古屋市美術館　学芸課長（3.3節）

緒方　泉　　　　　九州産業大学地域共創学部　特任教授（2.3節）

可児　光生　　　　美濃加茂市民ミュージアム　館長
　　　　　　　　　　（2.1.4項、4.1.2項、4.1.3項）

川合　剛　　　　　元名古屋市博物館　学芸員
　　　　　　　　　　（2.1.3項、3.1節、3.7.3項、3.8節、3.12節）

忽那　敬三　　　　明治大学博物館　学芸員（3.10節）

熊谷　淳一　　　　株式会社ノイエ　代表取締役（3.6節、3.11節）

黒澤　浩（編者）　南山大学人文学部　教授
　　　　　　　　　　（1.1 ～ 1.3節、1.4.3節、3.2節）

齊藤　克己　　　　株式会社丹青社　デザインセンター
　　　　　　　　　　（3.5節、3.7.1項、3.7.2項、3.7.4 ～ 3.7.8項）

里見　親幸　　　　ミューゼオグラフィー研究所
　　　　　　　　　　（2.1.1 ～ 2.1.3項、2.2節、4.1.1項）

副田　一穂　　　　愛知県美術館　主任学芸員（2.4節）

中込　潤　　　　　九州産業大学美術館　学芸室長（1.4.2項）

広瀬浩二郎　　　　国立民族学博物館　教授（5章（p.174））

藤下　直美　　　　社会福祉法人名古屋ライトハウス　日々のくらし相談室
　　　　　　　　　　（5章（p.186））

藤原　工　　　　　株式会社灯工舎　代表取締役（3.4節）

森　幸久　　　　　社会福祉法人名古屋ライトハウス　情報文化センター
　　　　　　　　　　（5章（p.190））

吉田　公子　　　　九州産業大学美術館　准教授（1.4.1項）

（五十音順。かっこ内は担当部分）

まえがき

　展示は博物館にとって「顔」であるといわれます。そのようにいわれるのは、博物館が展示というメディアによって学術研究の成果を広く一般に公開し、それによってさまざまな教育活動を行うという点に、活動の基盤をおいているからです。

　2012年度（平成24年度）より大学における学芸員養成課程のカリキュラムが改正され、博物館展示論という科目が新たに加えられることになりましたが、このことは学芸員養成においても展示の基礎をしっかりと身につけるべきことが再認識されたものといえると思います。しかし、それは博物館関係者が展示についてなおざりにしてきたという意味ではありません。展示とは博物館の活動にとっては日常的なことであり、多くの学芸員が日々、実践のなかで工夫を凝らしています。また、博物館展示に関する書籍もすでにいくつかまとめられていますし、日本展示学会という学会も組織されていて、展示という行為に対する関心は潜在的に高いことを示しています。最近では一部で展示に対する関心が薄れてきているように感じることもありますが、そうであればなおさらのこと、これからの学芸員には展示の基礎をしっかりと身につけてもらいたいと思います。

本書の特徴

　本書は、これから博物館学芸員をめざそうという学生や大学院生だけではなく、現役の学芸員にも向けて、博物館展示の概要をなるべく平易に解説するよう努めました。執筆も、大学で学芸員養成課程を担当する教員、博物館学芸員、そして展示製作の現場担当者の方々にお願いし、豊富な経験を踏まえた実践的な知識や方法を説明することに主眼をおきました。

　特に本書ではユニバーサル・ミュージアムに1章分を当てています。初版が刊行された頃に比べ、ユニバーサル・ミュージアムの活動は広がりを見せていますが、そのなかで、どのようにユニバーサル・ミュージアムにかかわるかを検討されている博物館にとっては、大きなヒントになるものと思います。

　また、今回の改訂にあたり、博物館浴と関連法令等の項を新たに加えました。博物館浴は、マスコミにもとり上げられ、知られるようになってきましたが、専門的論文を除いてその概要を説明するものが意外にも少ないので、参考になるものと思います。関連法令等についても、従来は博物館法や文化財保護法などがとり上げられてきましたが、最近では著作権や肖像権、所有権、個人情報保護など、より多面的な対応が求められており、本書はそれを反映しています。

本書の構成

本書は全5章で構成されています。第1章は「博物館展示総論」として、今回新たに「博物館展示と教育」の項を加えました。

第2章の「博物館展示の理論」では、展示の歴史、展示の諸類型に加えて、先の博物館浴と関連法令等の項を新たに設けました。

「博物館展示の技術」を扱った第3章は、旧版と大きな変更はありませんが、各執筆者の判断のもと、旧版以降の技術的な進展について加えています。

第4章は初版で2.4節としていた展示評価の方法を来館者調査と併せて独立させました。

第5章はユニバーサル・ミュージアムをとり上げています。ここでは、ユニバーサル・ミュージアムの運動の中心である国立民族学博物館の広瀬浩二郎氏によるユニバーサル・ミュージアムの概要説明と同時に、利用する立場からの意見をいただいていることを特徴としています。ユニバーサル化の問題には必ず当事者の意見が反映されるべきなのです。

多くの博物館学芸員にとって、展示とは大きな苦しみであるとともに、大きな喜びであると思います。個人的な経験でいえば、苦労して展示を製作し、もうこんなことはやりたくない、とそのときに思っても、展示を見に訪れてくれた来館者の姿を見るとまた次の展覧会も頑張ろう、という気になっていたものです。

本書によって、博物館展示の方法はもとより、その魅力も知っていただければ幸いです。

2025年2月

黒澤　浩

本書では、博物館の展示について説明していますが、ここでいう博物館とは自然系・人文系の博物館をさしており、博物館法上は博物館施設に含まれる動物園・水族館・植物園は含まれていません。

また、自然系博物館には自然史系と理工系を含み、人文系博物館には歴史系、民族・民俗系、そして美術館を含んでいます。

本文中では、総称としての博物館という言葉を使っていますが、美術館については、説明の文脈によって「博物館」とせずに「美術館」としている場合があります。また、最近ではミュージアムという言葉を使うケースも多いようですが、本書では「ユニバーサル・ミュージアム」、「エコミュージアム」など用語として確立しているものを除いて、「博物館／美術館」で統一しました。

• 本文中のURLは2025年2月時点のものです。

博物館展示論 第2版 Contents

まえがき iii

第1章 博物館展示総論 1

1.1 博物館における展示の役割 2
  1.1.1 展示は博物館を特徴づけるものか？ 2
  1.1.2 博物館は何を展示するか 3
  1.1.3 博物館展示と教育 4
1.2 博物館展示の政治性・社会性 7
  1.2.1 博物館展示をめぐる政治性 7
  1.2.2 博物館展示の社会性 9
1.3 博物館展示の制約と限界 12
  1.3.1 博物館展示の制約 12
  1.3.2 展示の限界、博物館の限界 13
1.4 地域社会と向き合う展示 14
  1.4.1 博物館法における展示の位置づけと今後の方向性 14
  1.4.2 展示でつながる博物館 16
  1.4.3 地域に溶け込む博物館づくり 20

第2章 博物館展示の理論 21

2.1 日本における展示の歴史 22
  2.1.1 古代から中世―政治と宗教に結びついた展示、権力誇示のための展示 22
  2.1.2 戦乱の世から近世―商品経済の発展とディスプレイの進展 23
  2.1.3 近代―今日の博物館展示の発展 23
  2.1.4 バーチャルな展示 26

2.2 展示の諸類型 29

    2.2.1　伝達形式による類型　29

    2.2.2　展示場所による類型　29

    2.2.3　展示期間による類型　30

    2.2.4　展示する形態による類型　30

    2.2.5　実物資料の扱い方による類型　30

    2.2.6　展示意図による類型　31

    2.2.7　動線上の展示の仕方による類型　31

    2.2.8　資料配列の仕方による類型　32

    2.2.9　移動展示の類型　32

    2.2.10　他施設との連携や結合による類型　33

2.3 博物館展示による癒し ― 博物館浴（Museum Bathing） 35

    2.3.1　芸術に親しむ機会が多いと長生きする　35

    2.3.2　展示鑑賞はストレス軽減に役立つ　36

    2.3.3　「博物館浴」研究は新たな価値創造につながる　37

2.4 博物館展示と関連法令等 39

    2.4.1　人と展示資料の保護　39

    2.4.2　展示資料にまつわる権利の保護　40

    2.4.3　来場者による展示資料の撮影　43

第3章　博物館展示の技術　45

3.1 展示のプロセス ― 企画から終了まで 46

    3.1.1　企画段階　46

    3.1.2　実施段階　48

    3.1.3　終了段階　53

3.2 動線計画 54

    3.2.1　動線とは何か　54

    3.2.2　ゾーニング（zoning）　54

    3.2.3　展示動線の実際　55

3.3 展示環境の管理 59

    3.3.1　展示環境の管理の目的　59

    3.3.2　展示環境の管理の前提　59

    3.3.3　資料を傷める要因の管理　60

3.3.4　展示準備から終了までの展示環境の管理　68

3.4　照明　71

3.4.1　光と物の見え方―色・質感・陰影　71

3.4.2　展示手法と照明器具　74

3.4.3　展示計画と光の計画　77

3.4.4　ライティングの実際　79

3.5　展示ケース　82

3.5.1　展示ケースの役割　82

3.5.2　展示ケースの種類　82

3.5.3　展示ケース内の空気の質　84

3.5.4　展示ケースの有害ガス対応　85

3.5.5　展示ケースの照明　86

3.5.6　展示ケースの資料列品とメンテナンス作業　87

3.5.7　展示ケースの地震対策　88

3.5.8　展示ケースのデザイン・意匠性　89

3.6　展示グラフィック　90

3.6.1　展示グラフィックの特徴　90

3.6.2　展示グラフィックが表現する「世界観」　91

3.6.3　解説パネルの種類　91

3.6.4　展示グラフィックの制作の進行管理　92

3.6.5　デザインフォーマット　93

3.6.6　展示グラフィックの制作方法　93

3.6.7　文字組のデザイン　94

3.6.8　地色と文字色のコントラストと照明の関係　97

3.6.9　図版のデザイン　98

3.7　レプリカとジオラマ　100

3.7.1　レプリカとは　100

3.7.2　レプリカの製作　100

3.7.3　3D（三次元）によるレプリカ製作とその問題点　104

3.7.4　ジオラマとは　106

3.7.5　ジオラマのタイプ　106

3.7.6　ジオラマと各種メディアとの複合　108

3.7.7　体験活動の舞台としてのジオラマ　109

3.7.8　ジオラマの製作　109

3.8 展示の解説システム 111
　3.8.1　展示解説の方法　111
　3.8.2　展示の構造と解説パネル　113
　3.8.3　文字情報の提示　113
　3.8.4　展示の種別による展示解説の違い　115
3.9 音声ガイドと多言語表記 119
　3.9.1　音声ガイド　119
　3.9.2　多言語表記　124
　3.9.3　音声ガイドと多言語表記のこれから　128
3.10 対面式の展示解説 130
　3.10.1　対面式の展示解説の目的　130
　3.10.2　対面式の展示解説の実際　130
　3.10.3　展示解説を行う際のポイント　132
　3.10.4　ボランティアによる展示解説　136
3.11 広報のためのデザイン 139
　3.11.1　博物館の広報の意義　139
　3.11.2　新規来館者を集客する方法　139
　3.11.3　来館者に対する広報　142
　3.11.4　博物館のブランディング　143
3.12 展示図録 146
　3.12.1　展示図録の役割　146
　3.12.2　展示図録の制作　147

第4章　博物館の評価　　155

4.1 展示の評価法 156
　4.1.1　ゴール・レファレンス法　156
　4.1.2　展示の質的評価　159
　4.1.3　展示評価の研究実践　161
4.2 来館者調査 164
　4.2.1　来館者調査の現状　164
　4.2.2　来館者調査の目的　166
　4.2.3　来館者調査の種類　166
　4.2.4　来館者調査の方法　167

4.2.5　調査結果の分析方法　169
4.2.6　来館者調査の展望　170

第5章　ユニバーサル・ミュージアム　173

●ユニバーサル・ミュージアムの構想
　―触文化展示の意義と可能性　174
●利用者の立場から考える①
　ユニバーサル・ミュージアムに必要なこと
　―さまざまな「見方」・さまざまな「見せ方」　186
●利用者の立場から考える②
　「迎えられている」と実感できる施設を　190

あとがき　195

索引　197

ブックデザイン―――安田あたる

第 1 章

博物館展示総論

国立民族学博物館オセアニア部門の展示風景

キーワード

博物館展示の役割
展示のメッセージとコミュニケーション
exhibition と display
展示の制約と限界
地域社会

1.1 博物館における展示の役割

　多くの人にとって博物館に行く目的は、展示を見に行くことでしょう。展示とは、まさに博物館にとって「顔」のようなものです。では、博物館にとっての展示とは、具体的に、どのようなものなのか考えてみましょう。

1.1.1 展示は博物館を特徴づけるものか？

　全国の博物館や美術館で、展覧会を行うと多くの人が集まるように、人は展示を見に博物館を訪れます。そういう意味では、博物館を最も特徴づけるものが展示であるといえるでしょう。最近では、国立新美術館のように、収蔵品をもたずに、展示に特化した美術館がつくられていることからも、展示が博物館にとっていかに重要なものであるかがうかがえます。

　しかし、街を見回してみると、実は「展示」はいたるところに見出すことができます。例えば、展示コーナーをもっている図書館などが最近増えていますし、自社の製品などを展示している企業は少なくありません。もはや展示は博物館の専売特許ではないのです。

　一方で、博物館の展示も変わってきました。それはモバイル・ミュージアムのように、博物館ではないスペースに博物館資料を展示する場合です。ここでは博物館という場と展示という行為とが切り離されています。

復習 「博物館」という言葉

　日本語の「博物館」は、英語の museum の訳語であると考えられています。しかし、「博物館」という語の成り立ちをみると、どうもそのような理解とは異なるように思えます。

　博物館という語を最初に使った日本人は、幕末の 1860 年（万延元年）にアメリカに渡った遣米使節団のメンバーでした。彼らはワシント

ンでの公式行事の合間にスミソニアン研究所や特許局展示場（パテント・オフィス）を見学し、初めて欧米の博物館（およびそれに類似した施設）を目の当たりにしました。そして驚きをもってそのことを日記に書き記したのですが、自分たちがこれまでに経験したことのないものを表現するのに苦労しました。そのときに漢文の知識を総動員しながら創出したのが「博物館」という言葉だったのです。そして、この言葉は、福沢諭吉の『西洋事情』[1866 〜 1870 年（慶応 2 〜明治 3 年）刊] で使われたことから、広く一般に普及していきました。

この「博物」という語は、「広（博）く物を識る」という意味です。「博物館」という言葉は現代的な意味でもふさわしい呼称といえるでしょう。

1.1.2 博物館は何を展示するか

このように、展示という行為が博物館独自のものではないとしたら、博物館の展示は企業や図書館など、博物館以外の施設で行う展示とどのように区別されるのでしょうか。

博物館学における展示の一般的な理解とは、「モノの配列によって意味のある何事かを示し、目に見えるようにすることである」とされています。こうした展示の考え方は、メッセージ主導型の展示といわれます。

ここで大事なのは、どのようなことを展示で示すメッセージに込めるか、ということです。商業展示であれば、ひとつひとつの商品の魅力が主要なメッセージになるはずです。では、博物館の展示ではどうでしょうか。

日本の博物館法や国際博物館会議（ICOM）規約に記載された博物館の使命から考えると、博物館の展示で示されるメッセージとは、展示される資料を中心としながら、それにまつわる歴史や文化に関する学術的な研究成果であるべき、ということです。美術館であれば、作品一点一点の美学的・美術史的な研究成果ということになるでしょう。

博物館・美術館における展示とは、ただ単にきれいに見せるということではなく、必ず学術的な裏づけがあり、そして、それによって展示のス

トーリーが構成されていなければなりません。

基本用語 博物館法

社会教育法に基づき、1951年（昭和26年）に制定された博物館を規定する法律です。2022年（令和2年）に一部が改正され、第二条の博物館の定義は次のようになりました。

> この法律において「博物館」とは、歴史、芸術、民俗、産業、自然科学等に関する資料を収集し、保管（育成を含む。以下同じ。）し、展示して教育的配慮の下に一般公衆の利用に供し、その教養、調査研究、レクリエーション等に資するために必要な事業を行い、併せてこれらの資料に関する調査研究をすることを目的とする機関（社会教育法による公民館及び図書館法（昭和二十五年法律第百十八号）による図書館を除く。）のうち、次章の規定による登録を受けたものをいう。

ここでは、博物館の目的や役割が明記されています。それと同時に、法律上の博物館とは、実際に存在する博物館のすべてではないことに注意しておきましょう。

基本用語 国際博物館会議

International Council of Museums のことで、略して ICOM（アイコム）と呼ばれています。これは、1947年（昭和22年）に創設された、博物館と博物館専門家を代表する国際的な非政府機関で、現在、世界138の国と地域、約4万人の博物館専門家が参加しています。ICOM では、1951年（昭和26年）にその目的、組織、事業に関する規約を制定し、その後何回か規約の改訂が行われています。2019年の ICOM 京都大会で提案された博物館の新定義案は継続審議となりましたが、2022年のプラハ大会では次のような定義が採択されました。

> 博物館は、有形及び無形の遺産を研究、収集、保存、解釈、展示する、社会のための非営利の常設機関である。博物館は一般に公開され、誰もが利用でき、包摂的であって、多様性と持続可能性を育む。倫理的かつ専門性をもってコミュニケーションを図り、コミュニティの参加とともに博物館は活動し、教育、愉しみ、省察と知識共有のための様々な経験を提供する。

この定義が、博物館に関する今日の国際的な理解であるといってよいでしょう。

基本用語 展示

「展示」という言葉が使われる前は、「陳列」や「展覧」という言葉が使われていました。最も古い「展示」の用例は、1877年（明治10年）の文献とされます。展示が現在と近い意味で使われるようになったのは、第一次世界大戦と第二次世界大戦の間に国策宣伝のために開かれた展覧会においてではないかという説があります。

1.1.3 博物館展示と教育

博物館法第二条には、博物館はさまざまな資料を収集し、それを「展示して教育的配慮の下に一般公衆の利用に供し」とあります。つまり、博物館は、収集した資料を展示することで、単に見て楽しむものというだけで

はなく、教育資源として活用するということです。

　では、展示と教育とはどのように結びつくのでしょうか。博物館に限らず、展示はモノによって構成されます。展示されるモノが歴史資料でも、美術作品でも、自然史標本でも同じことです。1.1.2 項でも述べたように、博物館の展示は、モノとモノとの配列によってメッセージを伝えることを特徴とします。つまり、展示と教育が結びつくということは、そのメッセージの発信者の意図とその受け手との間に、間接的にであっても、コミュニケーションが成立していることを前提としています。

　一方で、このコミュニケーションでは、発信者と受信者との間の感じ方や理解の仕方にしばしばズレを生みます。実は、博物館における教育・学習では、このズレこそを大切にすべきなのです。

　このズレは、発信者である学芸員が提供する既存の知識に対して、受信者側が異なる視点を獲得することを意味します。例えば、美術館での作品鑑賞では、いくつかの問いに対して見学者が答えることで作品理解を深める方法がとられますが、この場合、そこで得られた理解は人によって異なるものです。しかし、作品鑑賞においては、まさに他の人と異なっていても、自分が得た理解を大切にすることを求めているのです。

　しかし、この方法は歴史系（考古・民族・民俗を含む）や自然史・理工系の博物館では難しいでしょう。こうした分野では、論理的に資料とその背景を理解することが求められるからです。ただし、その側面だけを強調すると、結局は「正しい答え」を求めることになってしまいます。

　展示と教育をつなぐという観点からみると、何とかこのズレを活かす方法を考えることが必要でしょう。一案として、説明の最後に「今、私が説明したことに疑問や納得できない点がありますか？」とたずねてみてはいかがでしょうか。

column　「展示」という語をめぐって exhibition と display

　展示は英語で exhibition、あるいは display といいます。日本では、この 2 つの語は意識して使い分けられてはいないようですが、英語本来の意味はだいぶ異なるようです。

まず exhibition という言葉です。この親戚にあたる言葉に exposition があります。この言葉は、辞書的には規模の大きい exhibition をさすのですが、第一義的には万博などの博覧会をさします。松宮秀治は、このことから、exposition（＝展示）とは「公権力が『公衆』を創出、育成していく」ために必要な装置であるといっています。

一方、display という言葉について、川口幸也は、軍隊を動員、配備、展開するという意味の deploy と同義であるといっています。そしてこれらの言葉のもとになったラテン語の displicare は、重ねてあるものを広げるという意味があるそうですが、そこに共通するのは「力を見せつける」という意味だというのです。このことから川口は展示を戦争と共通する暴力の表現としてとらえているようです。

このように exhibition と display はその本来の意味からするとけっして同じにはできません。しかし、2つの語はともに権力がその力を見せつけるというニュアンスを含んでおり、興味深いものがあります。展示とは、本質的にはもてる者（権力、財力、財貨など）がそれを誇示することからはじまっているといえましょう。このように見ると、展示というものの違った側面が見えてくるのではないでしょうか。

〈参考文献〉

1) 椎名仙卓：日本博物館発達史，p.15, 雄山閣（1988）

2) 矢島國雄：国際博物館会議，博物館学事典（倉田公裕 監修），p.100, 東京堂出版（1996）

3) 倉田公裕，矢島國雄：新編 博物館学，東京堂出版（1997）

4) 松宮秀治：芸術崇拝の思想，p.275, 白水社（2008）

5) 川口幸也：展示　狂気と暴力の黙示録，展示の政治学（川口幸也 編），p.19, 水声社（2009）

1.2 博物館展示の政治性・社会性

展示とは見せる行為ですが、しかし、それは一方的なものではなく、それを見て受け止める人がいるから成り立っているともいえます。そうした展示をめぐるさまざまな関係から、どのような問題が生じるのでしょうか。

1.2.1 博物館展示をめぐる政治性

展示とは、ある器物を人に見せる行為をさします。そして、1.1 節で述べたように、今日では、展示には何らかのメッセージが込められていると理解されています。

しかし、メッセージが当たりさわりのないものであれば問題ないのですが、それが非常に複雑な事象に関するメッセージであった場合、当然のことながらメッセージを込めた側とは異なる立場からの異議申し立てが起こってくることは予想できるでしょう。

ここでいう「非常に複雑な事象」とは何も特別なことではありません。博物館が普通に展示で示している歴史や文化が、まさにそれにあたるのです。ひとつの歴史的な出来事を例にとっても、それは単純なものではなく、いくつもの違う面があることはすぐにわかります。それを原理的に展示ケースというひとつの面において表現する展示は、複雑な事象のある一面だけを切りとって表現していることにほかなりません。そして、このとき、その展示について、誰が、どのようにして、誰のために、どのような資格において切りとっているのか、という問題が生じてくるのです。

例えば、展示されているある歴史事象について、その当事者が存在していた場合を考えてみましょう。そこで示される歴史事象について、博物館で展示されていることと、その人の記憶とが違っているかもしれません。そのときに、その展示をつくった博物館はどのような立場においてその展示をつくったのかが問われるということです。

あるいは、異文化展示において、展示されている文化の担い手が抱いている自己のイメージと博物館が展示によって示しているイメージとが食い違っていた場合はどうでしょう。博物館はどのような資格において、他者である異文化の担い手を表象できるのでしょうか。

さらに、問題は展示によって示されたことにとどまりません。展示というメディアは、物事の一面を切りとって単純化して示しているだけに、そしてモノによってある事象を具体的に示しているだけに、非常に明確で断定的なメッセージを発信するメディアであるといえます。しかし逆にいえば、そのような展示のもつメッセージの強さは、展示されなかったことを覆い隠してしまうかもしれません。

展示とは、展示する側が展示内容に対して抱いているイメージの投影です。それが、展示で表象される当事者、あるいはそれを見る人たちのイメージや記憶と異なっていたとき、展示に対する異論、そしてさらに、その異論に対する反論という形で相互交渉が生じます。こうしたことを「政治性」としてとらえるならば、博物館展示という文化的な行為も、けっして中立ではありえないということになります。

実例　エノラ・ゲイをめぐる対立

1990 年代、アメリカのスミソニアン協会が運営する博物館のひとつである国立航空宇宙博物館で、第二次世界大戦 50 周年を記念した展覧会が企画されました。その展覧会は最初「岐路 ― 第二次世界大戦の終結、原爆そして冷戦の起源」と題されたもので、展示の中心は広島に原爆を投下した B29 型戦略爆撃機「エノラ・ゲイ」でした。博物館ではこの爆撃機を核時代の幕開けを象徴するものとして展示することを考えていましたが、それに対してエノラ・ゲイの元搭乗員たちをはじめとする退役軍人たちが猛反発し、何度も展示台本を改訂した末に、1995 年（平成 7 年）、ついに展覧会そのものが中止に追い込まれるという事態に至りました。

この問題は表面的には博物館と退役軍人会との対立ですが、それは歴史と記憶、あるいはアメリカ政府の公式見解と歴史研究など、いく

つもの対立軸が交差した複雑な問題でした。このように、原爆投下というこれ以上はない惨事でさえ、それをとらえる視点はいくつも存在しているのです。

ここでは「社会性」という言葉を 2 つの観点からとらえておきたいと思います。ひとつは、博物館展示の影響力の強さ、もうひとつは博物館展示をとりまく社会的環境です。

まず、博物館展示の影響力について考えてみましょう。学芸員の調査研究が結実した展示の場合では、それは論文と同じである、といわれます。展示にはそれだけ学術的な水準の高さが求められるという点では、そのとおりかもしれません。また、研究者が論文によって業績を評価されるのと同じように、学芸員の業績になるという場合には、まさに研究者にとっての論文と同じ意味合いをもつのかもしれません。

しかし、論文はごく一部の専門家だけが読むことを想定して書かれますが、博物館の展示はその何倍もの専門家ではない人たちも見るのです。否、むしろ専門家ではない人たちを対象としているといえるわけで、博物館で展示に接する人の数は、論文を読む人の数の比ではありません。しかも、博物館展示を見る多くの人は、展示を製作した学芸員ほどの専門知識を有していないため、一般的には展示を批判的に見るのではなく、理解し、受け入れようとするはずです。

このように見ると、博物館展示とは、非常に社会的影響力の強いメディアであると見なすことができるでしょう。

そして、「展示を理解し、受け入れようとする」ということは、博物館とその展示をとりまく社会的環境にもかかわります。それは、博物館展示を見る際の暗黙の前提として、博物館の展示は「正しい」と、博物館側と利用者側の双方が信じており、両者の間にある一種のもたれ合った関係が生じていることを示しています。

もちろん、1.2.1 項で示したように、博物館展示をめぐる相互交渉が生じ

る可能性はありますが、日本の博物館をめぐる風土のなかでは、顕在化しにくいのかもしれません。

　いずれにせよ、博物館展示とは、それが多くの人の目に触れることで成立しているという意味で、非常に社会的な営みなのです。

実例 「20世紀美術におけるプリミティヴィズム」展

　1984年（昭和59年）9月27日から1985年（昭和60年）1月15日まで、ニューヨーク近代美術館（The Museum of Modern Arts ＝ MoMA）で「20世紀美術におけるプリミティヴィズム――『部族的』なるものと『モダン』なるものとの親縁性」と題した展覧会が開催されました。企画したのは当時MoMAの絵画・彫刻部門の名誉部長を務めていたウィリアム・ルービンでした。この展覧会では、モダン・アートの作家たちの作品と、アフリカやオセアニアなどの非西洋世界の造形物が並べて展示されていました。

　ルービンによれば、ここでいうプリミティヴィズムとは「近代の芸術家たちの作品や思想の中に現れた『部族社会』の美術や文化への関心」のことをさしており、「プリミティブな彫刻を、近代の芸術家たちが『発見』したその西洋の文脈でもって理解」することを展示の目的としているといいます。

　展示されるのは非西洋世界の造形の影響を受けて制作されたモダン・アートの作家たちの作品と、そのモデルとなった造形物、そして直接の影響関係はなくとも、非常によく似たものとなった西洋・非西洋双方の作品が並べられたのです。特に西洋・非西洋の間に直接的な影響関係がないにもかかわらず、よく似たものとなった作品については、それを「親縁性」という言葉で表し、それは「人間の普遍的な芸術形式生成能力を実証する」ものだとしました。

　しかし、これに対して数多くの批判がなされました。最も厳しい批判を展開したのが人類学者のジェームズ・クリフォードで、その批判のポイントは次の3つでした。

批判点① モダニズムの美術に類似したものとして選定された「部族美術」というカテゴリー自体が、両者は類似していなければならないことを示すために意図的に構成されたものにほかならない。

批判点② モダン・アートと部族美術が共通した性格を示す理由は、モダン・アートの側がもつ人間の普遍性に到達する能力に求められている。しかも、ルービンは、そうしたプロセスを「部族社会」の産物が「美術」へ「昇格」するプロセスとして語っている。

批判点③ 「伝統的」な真正の世界を再構築するという名のもとに、またあるいは非西洋世界の作品を「アート（芸術）」という時間を超えたカテゴリーのなかで評価するという名のもとに、現在活動している「部族社会」の文化や芸術家の具体的な存在は切り捨てられている。

　特に批判点③は重要で、私たちが他者を表象するときに、何をもってその他者の姿だと見なしているのかが問われたのです。

　この事例が示していることは、私たちが何かを表象するときには必ず、自分の認識や価値づけといったフィルターを通しているということです。この問題に対する有効で具体的な方法はないのですが、少なくともこのような問題があることを自覚しておくことは必要なことだと思います。

〈参考文献〉

1) マーティン・ハーウィット：拒絶された原爆展　歴史のなかの「エノラ・ゲイ」（山岡清二 監訳），みすず書房（1997）

2) ウィリアム・ルービン編：20世紀美術におけるプリミティヴィズム　「部族的」なるものと「モダン」なるものとの親縁性（吉田憲司ほか訳），淡交社（1995）

3) 吉田憲司：文化の「発見」　驚異の部屋からヴァーチャル・ミュージアムまで，p.122，岩波書店（1999）

1.3 博物館展示の制約と限界

これまで述べてきたように、展示とは明確で、強力なメッセージを発するメディアです。だからこそ、私たちは、その展示がもつ制約と限界を知っておく必要があります。

1.3.1 博物館展示の制約

1.2 節で述べたことは、いわば理論的な制約です。しかし、展示にとりくむときには、より現実的な制約に直面しなければなりません。

博物館展示の制約として、ここでは物理的制約、企画上の制約、そして予算的な制約の 3 点について述べておきます。

物理的制約とは、会場の広さや展示室のレイアウト、展示ケースの仕様、照明設備などによる制約です。設備上の理由で、思いどおりの展示ができないということは、多くの学芸員が経験していることでしょう。

企画上の制約とは、どんなにおもしろそうなテーマであっても、その博物館の目的や主旨に合わないものや、あまりにも品性を欠くようなテーマは、博物館展示としてはふさわしくないということです。さらに、展示には裏づけとなる学術研究があるべきですが、そうした裏づけなしに展示をつくることはできません。あるいは、一部の人にしか関心をもってもらえないようなテーマは、（それがあえて必要な場合もありますが）避けたほうがよいでしょう。

そして、博物館が最も苦労するのは予算的な制約です。いかによい企画を考えても、それを実現するには予算が必要であることはいうまでもありません。

展示をつくるとき、それを実現しうる条件が 100％そろっていることは、まずありえないと思ってよいでしょう。展示製作は、いくつもの制約を踏まえて実現していくしかないのです。

1.3.2 展示の限界、博物館の限界

展示にはさまざまな限界があります。

展示テーマひとつをとっても、例えば抽象的なテーマは展示には不向きであるといわれます。ただし、最近の現代美術の展示などは、抽象的なテーマも積極的にとり上げているようです。1.2節で述べたように、歴史や文化といった複雑な人間の営みは、それを総体として示すことが原理的にできないという限界もあります。

そうしたテーマによる限界だけではなく、博物館が自らに課した限界もあります。公立博物館の場合、1.3.1項で述べたことと関連しますが、公共性・公平性を理由に、独自でユニークな視点の展示や大胆な展示手法をとることが難しい状況にあるように思います。

また、現在の博物館では利用者に対するサービスのあり方にも、自らが設定している限界があるように見えます。例えば、博物館展示では、資料保存に対する配慮から、展示品をガラスケースの中に入れて「見せる」ことが普通でしょう。しかし、それでは視覚障がい者の利用は著しく制限されますし、展示品をもっと間近で見たい、というニーズにも応えられません。博物館資料の保存と利用者サービスのどちらに重きを置くかが問われるのです。なぜなら、利用者サービスとは、博物館資料の活用にほかならないからです。

展示だけではなく、博物館には数多くの制約や限界があります。しかし、工夫とアイデア、そしてときには自らが課した制約を乗り越える決断をすることによって、克服していくことが可能になるのだと思います。

1.4 地域社会と向き合う展示

　近年、日本の博物館法の一部改正や国際博物館会議（ICOM）による新たな博物館の定義など、博物館をとりまく状況が変化しています。これらの変化に応じて、今後の博物館の展示はどのような方向性に向かっているのでしょうか。博物館法を読み解き、実例を参照しながら考えてみましょう。

1.4.1　博物館法における展示の位置づけと今後の方向性

　博物館法では展示とは、第二条の定義や第三条の博物館の事業について第一項にあるように資料の収集、保管に次ぐ博物館の主たる目的として位置づけられています。第六項では「博物館資料の保管及び展示等に関する技術的研究を行うこと」とあげられるように、展示にまつわる展示環境の管理や、照明技術、展示方法などについて日々進化する ICT 機器をはじめとした技術的研究も求められています。

　2023 年（令和 5 年）4 月 1 日より施行されている改正博物館法では、第一条の目的において、社会教育法に加えて、文化芸術基本法の精神に基づくことが定められ、博物館が社会教育施設と文化施設の双方の役割・機能を担っていくことが明らかになりました。改正前は第三条第二項において「博物館は、その事業を行うに当たつては、土地の事情を考慮し、国民の実生活の向上に資し、更に学校教育を援助し得るようにも留意しなければならない」とあり、日本博物館協会の「令和元年度日本の博物館総合調査報告書」を参照すると、博物館と学校教育の博学連携について「授業の一環として児童や生徒が来館すること」86.0%、「学芸員が博物館で児童や生徒を指導すること」52.5% と活発に実践されていることがわかります。アウトリーチ活動については、「学芸員が学校に出向いて児童や生徒を指導すること」36.0%、「学校に資料や図書を貸し出すこと」25.2% とあり、同調査による過去の数値と比べると、大幅に増加しています。同報告書による

と、社会教育機関・地域との連携・協力の状況については、社会教育機関などとの連携の分野において「地方自治体主催の生涯学習活動と連携して事業・活動を行うこと」56.2% が年々増加の傾向にあります。一方で地域との連携の分野では「地元の企業・業者・事業所等と協賛・協力し合って事業・活動を行う」29.9% は、少しずつですが増加の一途をたどっています。ほかにも「町づくりや町の活性化を目的に行政・市民等の団体と協力して事業・活動を行うこと」45.9%、「観光協会、旅行業者等と連携・協力すること」56.0% と町づくりや観光業界との連携が広がりをみせてきています。

　この第三条第二項は、改正博物館法において第三条第三項に次のように改められました。

　「地方公共団体、学校、社会教育施設その他の関係機関及び民間団体と相互に連携を図りながら協力し、当該博物館が所在する地域における教育、学術及び文化の振興、文化観光その他の活動の推進を図り、もつて地域の活力の向上に寄与するよう努めるものとする。」

　ここで注目したいのは、留意事項において、「その他の活動」について具体的にまちづくり、福祉分野におけるとりくみ、地元の産業の振興、国際交流などの多様な活動があげられ、「地域の活力の向上」とは、地域のまちづくりや産業の活性化、コミュニティの衰退や孤立化等の社会包摂にかかわる課題、人口減少・過疎化・高齢化、環境問題などの地域が抱えるさまざまな課題の解決があげられていることです。この背景には、2019 年（令和元年）に行われた国際博物館会議が採択した「文化をつなぐミュージアム（Museums as Cultural Hubs）」の理念を踏まえて規定された経緯があります。

　さらに、2022 年（令和 4 年）8 月にプラハで開催された国際博物館会議で採択された新たな博物館の定義では「（中略）博物館は一般に公開され、誰もが利用でき、包摂的であって、多様性と持続可能性を育む。倫理的かつ専門性をもってコミュニケーションを図り、コミュニティの参加とともに博物館は活動し、教育、愉しみ、省察と知識共有のためのさまざまな経験を提供する」と定められました。

　このように、今、博物館は社会的責任が増してきたといえるでしょう。

博物館の主な目的である展示は、地域の社会課題にどのように向き合い、寄与できるのでしょうか。

〈参考文献〉
1）　令和元年度日本の博物館総合調査報告書，公益財団法人 日本博物館協会（2020）
2）　博物館法の一部を改正する法律の公布について（通知），文化庁（2022）
3）　博物館法制度の今後の在り方について（審議のまとめ），文化審議会博物館部会法制度の在り方に関するワーキンググループ（2021）
　　当審議において博物館が「文化の結節点」として、現代社会における様々な事柄をつなぐ ICOM で提唱された「文化をつなぐミュージアム（Museums as Cultural Hubs）」について期待される 8 つの役割を例示している。

1.4.2　展示でつながる博物館

　ここでは、博物館の展示と地域社会との接点をさまざまな連携を通してつくり出し、博物館活動が地域へと展開している事例を 2 つ紹介します。

実例　展示と地域をつなぐ子ども主役のプロジェクト

　福岡県直方市にある直方谷尾美術館（直方市美術館）は、展示を通して子どもの成長に積極的にかかわっており、その活動は地域を巻き込みながら展開し、子どもに親しまれる美術館として館の特色ともなっています。

　同館では「子どものための美術館」と題された展覧会が 2003 年から現在まで毎年行われています。この展覧会のポイントは公募により集まった、学校も学年も異なる子どもたちが、半年以上かけて、美術館の所蔵品を活用した展示を準備しているところです。この子どもたちは「子どもスタッフ」と呼ばれ、月に 2～3 回開かれる「子どもスタッフ会議」に参加します。メインとなる活動は冬に開催する展覧会の準備です。毎年テーマや活動内容は変わりますが、一例として次のような活動があげられます。

子どもスタッフが作品台帳から所蔵品を選び、収蔵庫で本物の作品と対面。その後、思い思いのアプローチの仕方で作品と接します（**図1**）。

　例えば作者に手紙を書いたり、アトリエを訪ねてインタビューをしたり、図書館で画材について調べたり、作品を模写したり、作品から受けた印象を詩や物語にしたりと、その方法はバラエティに富んでいます。そうして得られたアーティストの言葉や調査レポート、模写、詩、物語といった活動の成果を、作品とともに展示します。さらに、子どもスタッフは一般の来館者を前にギャラリートークも行います（**図2**）。このギャラリートークを見て子どもたちの成長を感じる保護者や美術館職員は多いようです。

　このように子どもが主役となって準備した展示は、所蔵品に新鮮な視点を加え、一般の来場者からも好評を得ています。また、展示にかかわったアーティストが会場を訪れることも少なくなく、子どもたちとアーティストが直に交流できる貴重な機会となっています。

　さらに活動は美術館の展示室を飛び出し、商店街のアーケードや成人式、二十歳のつどいの会場に、子どもたちが制作した大型の垂幕を展示したり（**図3**）、子どもスタッフが選んだ所蔵品を近隣の老人ホームに展示してギャラリートークを行ったりと、子どもスタッフを核と

図1　収蔵庫で作品と出合う子どもスタッフ

図2　子どもスタッフによるギャラリートークの様子

図3　二十歳のつどいの会場に飾られた祝い幕

した美術館と地域とのつながりが生まれています。

　元子どもスタッフのなかには現在学芸員として活躍している人、地元で就職し現在の子どもスタッフの活動をサポートする人、大学で美術を学ぶ人など美術や美術館とのかかわりを続けている人もいます。美術と離れても、ときどき美術館に近況を報告しにくる人も多くいるといいます。

　この直方谷尾美術館のとりくみは、博物館の可能性を考えるうえで注目すべき点の多い事例といえるでしょう。

実例　地域課題と向き合い、展示の可能性を探る

　福岡県福岡市東区にある九州産業大学美術館では、地域が抱える課題のひとつである高齢化問題に対応する事業として、所蔵品の活用やICTによる美術館展示の鑑賞体験の提供を、地域の医療・福祉機関や公民館などと連携して行っています。

　2019年にWHOが健康とウェルビーング（Well-being）の向上における芸術の役割に関するエビデンスを提示する報告書を公開しました。報告書では世界の3,000を超える研究の結果から、病気の予防、健康増進、病気の管理と治療において芸術が大きな役割を果たすことが明らかになったと述べられています。

　九州産業大学美術館は文化庁の助成を受け、イギリスやアメリカなどの高齢者向け、あるいは認知症を患った方たちとその介護者を対象としたプログラムを中心に、現地で調査を行い、そのノウハウをもとに、大学周辺地域で高齢者を対象としたプログラムを実践しています。それらは芸術に触れ、楽しみ、学ぶとともに、参加者のQOLの向上や健康維持を目的としています。

　例えば、近隣の病院と連携して入院中の高齢者を中心とした患者（軽度の認知症の方を含む）を対象に、オンライン鑑賞会を定期的に実施しています（図1）。病院と美術館をオンラインでつなぎ、開催中の展覧会の展示の様子を大型のモニターで映し出します。そして担当

学芸員が、病院でモニターを前に参加者と言葉を交わしながら展示を案内します。見るだけではなく、触れられる関連資料などを病院に持ち込んだり、聴覚資料を準備したり、鑑賞した作品に関連する制作活動を入れたりと、五感を使ったプログラムが行われます。

図1　病院でのオンライン鑑賞会

　同様のプログラムは病院だけではなく、近隣の公民館でも定期的に行われ（**図2**）、交通の便の悪さなどから美術館までなかなか出かけられない方なども、美術館の展示を楽しむことができます。公民館を通じてオンラインのアドレスは公開され、自宅からも参加することができます。

図2　公民館でのオンライン鑑賞会

　こうした事業を持続的、広域的に行うためには、関係機関や博物館同士の協力など、業種や館種を超えた連携が鍵となっていくと思われます。

　改正博物館法第三条三項にあるような、これからの博物館に求められる機能、役割は、館種や規模、地域の現状などの違いにより多種

多様です。地域のニーズや、多様な連携など、学芸員は広い視野をもち、地域との関係を構築していくことで、展示の可能性、ひいては博物館の可能性を広げていくことになるでしょう。

〈参考文献〉

1)　Fancourt, D and Finn, S：What is the evidence on the role of the arts in improving health and well-being? A scoping review. Health Evidence Network synthesis report, **67**, WHO Regional Office for Europe（2019）

1.4.3　地域に溶け込む博物館づくり

　「もし博物館がその強みである実物の展示を放棄して、ほかの諸機関の領域に移るならば、博物館の思想を伝える力は無惨にも低下するだろう。長いラベルをつけた展示が成功しないのは、博物館が書かれた文字による伝達には最適の装置ではないという理由による。博物館は本ではないのである」（Neal 1976，引用文献1参照）

　博物館の魅力は何といっても「実物資料と対面できる」ことです。資料の前に立てば、形や色、大きさ、構成などを間近に見ることができます。またハンズオン展示であれば、さわることで、見るだけではわからなかった量感や質感を体験することができます。博物館は「感動の宝庫」なのです。

　近年ネット上にある博物館の収蔵品データベースや映像資料を「バーチャル・ミュージアム」として楽しむ人が多くなっていますが、「行ったつもり、見たつもり」ではなく「加工しないナマの情報がある」という博物館本来の魅力を博物館側が積極的に伝えていく必要があるでしょう。

　博物館冬の時代といわれる現在、地域住民のニーズを踏まえた地域に溶け込む博物館づくりがこれからの目標になってくるでしょう。

第 2 章

博物館展示の理論

展示解説〔写真提供：名古屋市博物館〕

展示の歴史
展示の諸類型
博物館浴
関連法令

2.1 日本における展示の歴史

日本では、どのような面において展示が行われ、発展してきたか各時代を概観し、その徴候が顕著に表れている事例を振り返り、今日の博物館展示へいかにつながってきたかを見ていきます。

2.1.1 古代から中世－政治と宗教に結びついた展示、権力誇示のための展示

展示的な行為は、暮らしのあらゆる面で古来より行われてきました。古くは狩猟・採集生活の時代の縄文土器に見られる力強い文様、農耕生活に適した形と機能をもつ弥生土器など、生活道具のなかに装飾がありました。また庶民の暮らしを彩る歳時記や四季の祭り、人生の通過儀礼や冠婚葬祭における飾り、そして宗教的儀式や政治的儀式まで、展示的な行事はさまざまです。古代において顕著なのは、権力を誇示し、知らしめる行為として、政治と宗教が展示と一体になっていることです。

奈良・平安時代になるとさらに権力表示のための仕掛けが大規模になりました。巨大な大仏を祀る東大寺大仏殿と、そこで行われる宗教的・文化的儀式などがよい例でしょう。8世紀には「東西市」で産物が並べられた店が開かれるようになり、店頭には取扱商品の種類を標記することが定められて、看板の原型が生まれました。

鎌倉・室町時代は、茶人・華道家・画家などの新しい文化専従者が誕生し、また造園の分野でも禅宗と山水画の影響を受けた「枯山水」という作庭方法が登場し、見せ・感動させる表現技法の幅が広がります。また、商工業者の同業組合で、商品の製品販売上の独占権を得た「座」が現れ、店舗には暖簾なども使われはじめました。これらはすべて展示に類する行為といえます。

2.1.2 戦乱の世から近世—商品経済の発展とディスプレイの進展

織田信長と豊臣秀吉も権力表示に展示の技術を多用しました。信長は、奇抜なアイデアをもつ人であり、城や邸宅などにさまざまな工夫を凝らし、安土城では各階ごとにインテリア・装飾に変化をもたせました。秀吉は大阪城内に組み立て式の「黄金の茶室」を造り、京都の聚楽第で天下に勢威を誇示しました。

江戸時代には、商品経済の目覚ましい発展のなか、さまざまな店が生まれ、看板や店舗構成にも意匠を凝らしたディスプレイが現れました。江戸中期になると大型店舗が造られるようになり、店棚の改良も進み、夜間は折り畳むことができる「張り出し棚」が造られるようになりました。看板書きという職種も現れました。看板書きは見世物興業の細工師や造園職人とともに、職業としてのディスプレイ業の始祖のひとつと考えられます。「からくり人形劇」「菊人形」、秘仏や宝物を公開するという「開帳」などの見世物は、人々の文化への欲求を高め、新しい知識を与えました。また最初の「物産会」は、1757年（宝暦7年）に平賀源内らが江戸湯島で開催した薬品会で、医学や本草学に代表される博物学の普及を図るものでした。

2.1.3 近代—今日の博物館展示の発展

1871年（明治4年）、岩倉使節団が海外視察を行いました。彼らが報告書で最も多くのページを割いたのは、ロンドン万国博覧会の物品をもとにしたサウス・ケンジントン博物館（現在のヴィクトリア＆アルバート博物館）についての記述でした。明治時代の博物館は、いまのような学術的な博物館ではなく産業振興会の要素が強かったといえます。明治政府は殖産振興政策に力を注ぎ「内国勧業博覧会」（**図** 2.1）や数多くの

図2.1 第五回内国勧業博覧会全景明細図 [1903年（明治36年）]
〔所蔵：大阪人権博物館〕

「共進会」を開催しました。明治中期を過ぎると、民間主催の展覧会が増加し、後の百貨店内の文化催事（展覧会）へと発展しました。百貨店内では、学術系展示と商品系展示の方法論と技術が混在していましたが、百貨店内では重要文化財の展示は保管・保存上の問題があることから、そうした文化財の展示は博物館で行われるようになりました。

　これらとは異なり、保健・衛生思想の啓蒙のために行われた「衛生展覧会」がありました。日本国内では 1887 年（明治 20 年）に築地本願寺で開催されたのが最初で、以後、昭和前期まで各地で開催されました。見る人に情報を伝えることを目的とした展示だといえます。

　第二次世界大戦前の緊迫する国際情勢下で各国が自国民に対して国策宣伝を行っていました。日本国内でこうした宣伝活動の中心となっていたのが報道研究会で、その主要メンバーであった山名文夫は「展示は、陳列とか展観という消極的なものでなく、宣伝という積極的な啓発指導面に於ける重要な手段のひとつであります」と述べています [1]。このように展示がメッセージを伝えるコミュニケーションの手段のひとつだという考えが広がって現在の展示観にいたっています。

　1970 年（昭和 45 年）に大阪万国博覧会が開催され、それをきっかけに日本の展示技術が大きく発展しました。横須賀市博物館はソフトをじっくり固め推進する最初の博物館であるといわれ、完成まで 4 年半を要しました。それまでの博覧会・展示会の展示は短期間で仕上げられていましたが、展示構想→展示計画→展示設計→展示製作の過程を踏み、推進する手法を特色とした博物館展示のモデルとなりました。

　1980 年代の地方博ブームや各地に誕生したテーマパークは、ディスプレイ技術に影響を与えました。なかでも 1983 年（昭和 58 年）に開園した TOKYO ディズニーランドは、疑似体験・擬似空間の楽しさを演出し、博物館の展示空間にも少なからず影響を与えました。そして 1985 年（昭和 60 年）のつくば万博として知られる国際科学技術博覧会において展示演出技術は大きく前進しました。

　つくば万博以降、「わかりやすい展示」「楽しい展示」がめざされるようになりました。京都府京都文化博物館（1988 年（昭和 63 年）開館）、江戸東京博物館（1993 年（平成 5 年）開館）、平城いざない館（2018 年（平成

30 年）開館）などではジオラマや模型を多用した楽しみながら学べる展示が実現されています。観光資源としての博物館を先どりしたものといえるでしょう。

　展示に「学」としての体系化を図る試みは、国立民族学博物館（民博）が開館した 1977 年（昭和 52 年）頃から本格化し、1982 年（昭和 57 年）に「日本展示学会」が設立されました。民博の初代館長であった梅棹忠夫は、「展示の技術は一種の総合技術であり、複雑な要素を組み合わせて、さまざまな制約のなかで最大の効果を上げる技術学である」とし、「展示学」は建築、造形、グラフィック、照明、映像、音響、コンピュータなどの分野を包括した研究を進める応用的情報科学であると位置づけたのです。

> ### column　ミュージアム（博物館）の起源と発展 [2]
>
> 　ミュージアムの語源は、古代ギリシャの芸術・芸能の神であるムーサ（Musa）を祀った神殿という意味であり、アム（〜 UM）は場所を表しています。ギリシャの有名なパルテノン神殿の裏側にはピナコテーク（pinako-thek）という絵画室があったと伝えられ、絵画室という存在が美術館的施設のはじまりのように思えます。
>
> 　ギリシャ哲学の二大学者としてプラトンとアリストテレスが挙げられますが、プラトンは、思想の根源的な部分に「感性」があるとし、哲学（イデー・理念）を大事にしたのに対して、アリストテレスは、「人間は理性的動物である」と定義し、観察と経験を重んじる実証派であり、「理性」のもとに自然物や鳥獣を集め、比較し、検討しました。これらのモノを集めた場所が必要になり、これが博物館のはじまりのようです。「理性」と「感性」の思想は、西欧の歴史において交互に隆盛を見せ、長い間共存してきたといえます。
>
> 　そして、現在の博物館の起源は、紀元前 300 年、プトレマイオス二世がアレキサンドリアに動物・植物・鉱物の標本を集めて博物学の研究と教育の場としてつくったムーゼオン（Museion）であるといわれています。
>
> 　その後、12 世紀には中世の教会や貴族の館にコレクションを見

せる場所ができ、そこには、キリスト教の聖遺物が集められました。また、貴族は財力や権力を誇示するために集めたものを飾った珍奇品収蔵室（Rateriten Cabinet）を設けました。16世紀の大航海時代には剥製や動植物の押し花、魚の干物など世界からさまざまなモノが集められ、これらを集めた場所に

図　アシュモレアン博物館
〔出典：R. F. Ovenell, The Ashmolean Museum 1683-1894, Clarendon Press, Oxford, UK.（1986）〕

ミュージアムという言葉が使われました。

　17世紀には、アルコール漬の標本なども発明され、珍奇なモノや趣味的蒐集物が驚異の部屋（Wunder-Kammer）に雑然と並べられました。最初の近代博物館といえるのは、驚異の部屋からの寄贈された資料をもとに1683年（天和3年）に開館したアシュモレアン博物館（イギリス）です（**図**）。

〈引用文献〉
1）　山名文夫：展示技術の基本的考慮，博物館研究，**17**(3)，5-6（1944）
2）　倉田公裕：博物館の風景，pp.12-22，六興出版（1988）

〈参考文献〉
1）　竹中壮一郎：日本ディスプレイ史概論（1981）
2）　里見親幸：展示学，**48**，44（2010）

2.1.4　バーチャルな展示

　最近の情報伝達技術の急速な進展に伴い、実際に展示室を訪れてリアルに実物に触れるのではなく、あたかもそこにいるかのような仮想現実（VR）を楽しめるさまざまな手法が増えてきました。

　Web上で「Googleストリートビュー」のような感覚で展示室を歩く

バーチャルツアーがその代表的なものです。まず博物館が用意したホームページ上のコンテンツを開きます。観覧者は 360 度に広がる展示室内の画面をタップして関心のある方向へ進み、展示品を間近で観察、鑑賞することができます（**図 2.2**）。さらにそこをタップすると、詳細なテキスト情報のほか、別の画像・動画が表示されます。それは展示室で実物を肉眼で見るより鮮明で、なかには各方向からの画像を見ることもできるため展示品を理解するのに効果的です。最近ではアバター（自分自身の分身）となって仮想展示室内（メタバース）を動き回るものも開発されてきました。展示室での没入感を高める技術は今後さらに進んでいくことでしょう。

2020 年初めから世界に蔓延した新型コロナウイルス感染症（「COVID-19」）は、博物館の世界にも大きな影響を与えました。「密閉」「密集」「密接」といういわゆる三密を避けるため、多くの博物館は臨時休館を余儀なくされました。また全国の学校が臨時休校となり、子どもたちの家での過ごし方も課題となりました。そんななか、2020 年 3 月にはじまった動きが「おうちミュージアム」です。リアルな博物館訪問ではなく、家にいながら Web 上で博物館が用意したさまざまなコンテンツを楽しめるものです。このとりくみは北海道博物館が最初に呼びかけ、全国 200 以上の博物館が賛同し大きな広がりとなりました。その多くは展示品や収蔵品をもとにした教育プログラムを提供するものですが、それを通して展示室

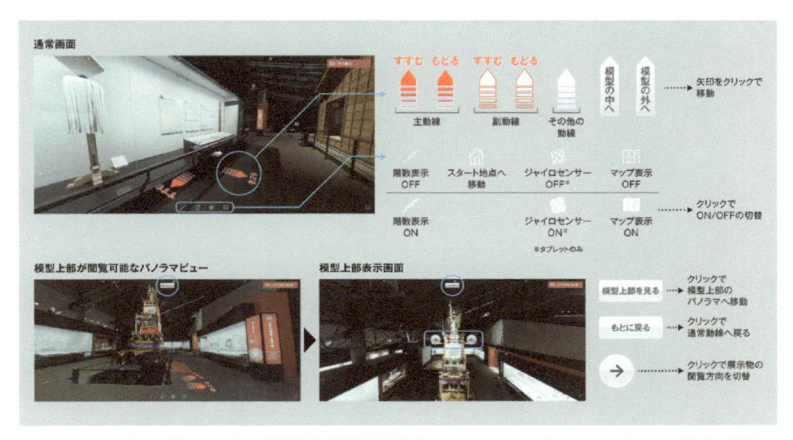

図2.2　東京都江戸東京博物館常設展示室　360度パノラマビュー操作手法

内の展示品やデータベースの情報を効果的に伝えることになりました。また、この時期に自宅で楽しめるバーチャル展示室を整える博物館も増えてきました。

　このようにバーチャルな展示室ツアーや仮想体験は、家にいながら博物館を楽しみ好奇心を膨らませるという点で、今までにはなかった大きな効果があります。しかし、リアルに実物に接する感動はそれに勝るものはありません。展示品の質感や細かな立体感、そして大きさというものは実物でしか知ることができません。また、展示室という空間の肌感覚はその場にいなければ感じられないものです。これからは、ますます進化していくと思われるバーチャルな体験と本来の実体験それぞれの特徴を理解し、バランスよく博物館の展示活動を進めていくことが肝要です。

2.2 展示の諸類型

　博物館における展示の形態は、館種や性格によって類型化される傾向があり、またとり扱う展示資料によってもさまざまな展示形態をとります。今後も展示企画と技術の革新によって、新しい展示の形態が開発されることでしょう。ここでは現在採用されている展示の形態を中心に、整理・分類を試みます。

2.2.1 伝達形式による類型

　この類型には、①パネル展示（グラフィック展示、解説展示など）、②模型展示、③ジオラマ・パノラマ展示、④照明展示、⑤映像・音響展示、⑥メカニック・ロボット展示、⑦演示があります。

　情報を伝えるには、何らかの媒体による展示が必要です。媒体には、言語、文字、写真や図表、イラストや絵、映像・音響、照明技術、模型やジオラマといった造型表現、あるいはメカニック装置やロボットの動きによるもの、人によるデモンストレーション（演示）などがあります。

2.2.2 展示場所による類型

　この類型には、①屋内展示、②屋外展示、③野外展示があります。

　博物館内での展示を屋内（in-door）展示と呼びます。展示室が中心ですが、エントランスホールや廊下を利用することもあります。屋外（out-door）展示は屋内展示があることを前提としており、それに対応する言葉です。大きくて屋内に入らない資料、屋外環境に耐えることができ、展示環境として屋外のほうがふさわしい資料が博物館の敷地内の屋外に展示されます。

　野外展示は野外を主体に展示するもので、屋外展示とは区別されます。資料を野外に集めて展示する収集保存型展示と、現地のその場所で保存し展示する現地保存型展示があり、現地保存型の代表的なものにエコミュー

ジアムがあります。

2.2.3 展示期間による類型

この類型には、①常設展示（総合展示、部門展示、テーマ展示など）、②短期展示（特別展・企画展）、③季節展示（歳時記展示など）、④新着資料展示があります。

常設展示は、それぞれの博物館の設立理念に沿った内容を恒久的に展示するもので、長期展示として博物館の姿勢が表れるものです。短期展示は、ある意図のもとに特別に企画された特別展・企画展のことです。季節展示は、四季の移り変わりや季節の行事などを展示します。美術館でも桜の季節には桜にちなんだ芸術作品などが展示されることがあります。

2.2.4 展示する形態による類型

展示を形態によって分類すると、①静態展示、②動態展示（可動展示、動力展示など）、③参加・体験展示（ハンズオン展示など）、④実演展示、⑤実験展示、⑥飼育・栽培展示、⑦ワークシート活用展示などが挙げられます。

静的に展示物を観覧する静態展示に対して、展示物を実際に動かして機能を理解するのが動態展示です。参加・体験展示は、展示物のもっている情報を、視覚だけではなく体験を通して感受したり理解したりする展示です。実演展示は、実際に操作したり、演示してみせる展示です。実験展示は理工系博物館の化学の実験などで多く行われます。飼育・栽培展示は、動物園や水族館、植物園に代表される展示ですが、近年では自然史博物館でも積極的に採用されています。ワークシート活用展示は、教育プログラムに基づいて考案された展示で、展示物を観察し、展示物の見方を誘導する展示です。

2.2.5 実物資料の扱い方による類型

この類型には、①総合展示（テーマ展示）、②分類展示、③収蔵展示があ

ります。

　総合展示においての実物資料は、展示企画者の考えを証拠づける資料として位置づけられ、多数の二次資料（解説、写真、図表など）によって補足し、一般の人を対象としてわかりやすく解説した展示です。分類展示とは、分類学などの体系によって実物資料を分類・整理して配列し、研究者や関心の深い学習者に向けた展示です。収蔵展示は、収蔵庫の一部を小窓から覗かせたり、収蔵庫とは別に収蔵展示の部屋を設けて実物資料を紹介する展示であり、資料の整理や修復作業の様子を見学させたりもします。

2.2.6　展示意図による類型

　この類型には、①鑑賞型展示、②説明型展示、③教育型展示があります。
　鑑賞型展示は、展示物そのものがもつ芸術的価値、あるいは展示物の美的な価値を引き出す展示です。展示の対象は美術品などの芸術作品ですが、自然界に産するものも含まれます。鑑賞を通して感性を磨き情操を養う展示です。説明型展示は、学術的成果などを紹介し、詳しい解説により理解を深める来館者の知的欲求に応えることを目的とした展示です。教育型展示は、一般に理工系博物館など教育志向の博物館や、さまざまな教育プログラムなどを対象にした展示をさしています。ただし、博物館の展示はもともと教育活動のためにあるので、その意味ではすべての展示は教育型展示であるといえます。

2.2.7　動線上の展示の仕方による類型

　展示動線（3.2節参照）の設定の仕方から見ると、①導入展示（イントロダクション展示）、②象徴展示（シンボル展示）、③分節点展示（場面転換）、④エンディング展示に類型化できます。
　展示室の入口から出口まで、人々に飽きずに最後まで観覧してもらうために、導入展示でひきつけ、単調な流れではなく山場やリズムをつくります。そのため、ある特定の展示物（シンボル）に注目させる象徴展示やテーマの変わる部分における分節点展示で変化をもたせ、エンディング展示で締めくくるといった起承転結によるストーリー展開をもたせます。

2.2.8 資料配列の仕方による類型

　この類型には、①時間軸展示、②空間軸展示、③プロセス展示、④構造展示、⑤生態展示、⑥分類展示、⑦対比・対照展示、⑧象徴展示のようなものがあります。

　時間軸展示は、時を経て変化するすべての事象（歴史、自然、産業など）を時間軸に沿って展示します。空間軸展示は、空間における位置関係をもとに配列します。プロセス展示は、生産プロセスなどモノの出来上がる順序や作業の手順などを示す展示です。構造展示は複合するモノのつながり（構造）を示し、理解しやすくする展示です。例えば衣・食・住などの文化を文化的脈絡から切り離されたモノだけでは伝わりにくい場合に行います。生態展示は、自然環境の生態をそのまま切りとってきたようにグループで見せる展示で、自然系博物館で考案され、人文系博物館へと広がっています。分類展示は、資料を分類・整理して並べる展示であり、対比・対照展示は、展示物を対比・対照させることでそれぞれの特徴を際立たせる展示です。象徴展示は、特別に「貴重なもの・美しいもの・大きなもの・テーマを代表するもの」などをシンボリックに空間に配置して見せる展示です。

2.2.9 移動展示の類型

　移動展示には、①巡回展示、②貸出展示、③博物館共催展示があります。

　移動展示とは、遠隔地の住民のために公民館や市民会館などを会場として展示するもので、博物館を広く認知してもらう効果が期待できます。巡回展示は、学校や病院、幼稚園や老人施設などを巡りながら、博物館の利用を促進する普及・教育活動の一環です。貸出展示は、展示セットをつくり、主として学校向けに資料を貸し出す活動です。博物館共催展示は、規模の小さい博物館どうしが協力しあい、持ち回りで全参加館において展示するものです。共催展示には、新聞社やテレビ局などのマスコミや企業との共催、あるいは後援を得て開催するものもあります。

2.2.10 他施設との連携や結合による類型

　この類型には、ほかの施設との連携や結合によってさまざまな可能性を追求する①学校との連携展示、②図書館との結合展示、③MLKA連携の展示、④理工系と人文系の結合展示、⑤回想法展示、⑥マイミュージアム展示、⑦包括的展示があります。

　①、②、④は、実例で示します。MLA（博物館〈Museum〉、図書館〈Library〉、文書館〈Archives〉）連携はイギリスではじまった文化施設どうしの連携ですが、日本では公民館（Kouminkan、英語ではPublic Hall）を含めたMLKA連携が模索され、展示方法にも工夫が求められています。回想法展示は、思い出や過去の出来事について語り合い、共有化することで、脳を活性化させて生きがいをとり戻すなど、福祉と結びついた展示です。マイミュージアム展示は、個人コレクションの展示や個人のリクエストで見たいモノを展示します。包括的展示の「包括」の意味は「個をつないで群とし、さらに多くの群をまとめて群集とすることである」と糸魚川淳二は示しています[1]。つまり専門的分野を束ねるだけの展示ではなく、俯瞰的な視座から自然人間社会を考えることを促す展示で、フランス国立自然史博物館や滋賀県立琵琶湖博物館が包括的展示に近い展示を行っています。

実例　学校との連携展示（2.2.10 項①）

　茨城県自然博物館は、地域の学校や生涯学習関連施設などとの連携による環境学習のプログラムを計画し、実践するモデル事業を行っています。環境学習の場である自然展示室「エコプレイス」を各学校・施設につくり、グローバルな視点とローカルな視点から環境について学習する展示を構成しようという試みです。具体的には、学校の周辺に自然観察園をつくり、ここで観察される自然情報を博物館に集積しながら博物館の専門性を活かした情報提供や教材開発などの指導・助言を学校側に行いました[2]。

［1998 年（平成 10 年）　文部省委託事業］

実例 図書館との結合展示 (2.2.10項②)

兵庫県立歴史博物館の「ひょうごの歩み・ひょうごライブラリー」展示室では、実物資料と６千冊の図書資料が同居しており、実物資料を見ながらじっくり本を読んで理解を深めることができる展示となっています（**図**）。

図　ひょうごの歩み・
　　ひょうごライブラリー
〔写真提供：兵庫県立歴史博物館〕

実例 理工系と人文系の結合展示 (2.2.10項④)

国立科学博物館日本館では、小さな展示ケースの中に、観覧者の身近な生活とのつながりを模型で表現した「コラム展示」があります。「渡り鳥が知らせる麦まきの時期」「日本庭園を飾る付加体の岩石」など、科学と暮らしや文化、アートと食とのつながりなど、自然科学系の博物館としては珍しいテーマ設定で、ジャンルを超えた展示を行っています（**図**）。

図　日本庭園を飾る
　　付加体の岩石
〔写真提供：国立科学博物館〕

〈引用文献〉
1)　糸魚川淳二：瑞浪市化石博物館研究報告書，**35**，45（2009）
2)　里見親幸：週刊教育資料，**578**，48（1998）

〈参考文献〉
1)　新井重三：博物館学講座 7，p.22，雄山閣（1981）
2)　里見親幸：週刊教育資料，**992**，30（2007）
3)　里見親幸：週刊教育資料，**1004**，34（2007）

2.3 博物館展示による癒し ―博物館浴(Museum Bathing)

博物館は教育・研究のための機関であるというのが、一般的な理解だと思います。しかし、世界では博物館を人々のウェルビーイング（幸福感）に資する役割を考えるようになっています。そして、日本でもそうした動きがはじまっています。ここではその最新の状況について説明します。

2.3.1 芸術に親しむ機会が多いと長生きする

2019年11月、世界保健機関（WHO）欧州地域事務局がまとめた、「健康と幸福感の増進における芸術の役割に関するエビデンスとは？」という報告書では、過去20年にヨーロッパを中心に芸術が健康に及ぼす効果はある程度認められてきたが、それを示すエビデンスの存在は、必ずしも十分ではなかったとしました。そして、今後の実証研究にあたって、エビデンス意識の向上、つまり「感覚から科学」への進展を促しました。

こうした提唱があるなか、ロンドン大学のデイジー・ファンコートら（2019年）は、2002年から約14年間、地域住民約6,700人の追跡調査の結果、「芸術を鑑賞する機会の多い人は、鑑賞する機会をまったくもたない人に比べ、死亡率が有意に低い」という報告をしました。

この研究を分岐点として、イギリスのNHS（＝国民保健サービス）はロンドン大学などと共同し、文化芸術を活用したメンタルヘルスプログラムの地域住民への提供、また、カナダ、ベルギーでは、医療従事者（主に医師）が患者へ適した博物館活動への参加を薬と同じように「処方」しはじめています。

ところで、日本では超高齢社会、そして多死社会への加速度が増しています。さらに、児童生徒の不登校や若者のひきこもりなども深刻です。

2023年3月に閣議決定された「文化芸術推進基本計画（第2期）」では、「文化芸術は、人々の創造性を育み、豊かな人間性を涵養にするとともに、人と人との心のつながりを強め、心豊かで多様性と活力ある社会を形成す

る源泉となるものである。（中略）人々のウェルビーイングの向上を図るためにも、文化芸術が果たすべき役割が増大している」と提起しました。

イギリス博物館協会のホームページには「Enhancing health and wellbeing」という項目があり、「博物館は私たちの生活の質を高め、心と身体の健康を向上させます。博物館は、健康と福祉の組織と連携して、さまざまなニーズをもつ人々を支援しています」と書いています。

2.3.2 展示鑑賞はストレス軽減に役立つ

オークランド大学（ニュージーランド）のミカエラ・ロウら（2021 年）は「あらゆる集団や環境において、視覚的芸術作品の鑑賞がストレスの結果に及ぼす影響について、どのような研究が行われているか」を究明するために、以下の問いを提起しました。

① どのような集団や環境で研究されたか？

② どのような研究方法が用いられたか？

③ どのようなストレス結果が測定されたか？

④ どんな種類と内容の作品が鑑賞されたか？

⑤ 芸術作品の鑑賞時間はどのくらいで、どの作品が鑑賞されたか？

⑥ 研究では、ストレスの結果に変化が見られたか？

そして、こうした問いに適応する、以下の実証実験例を紹介しています。

ウェストミンスター大学（イギリス）のアンジェラ・クロウら（2006 年）は、ロンドンの会社員を対象に、アートギャラリーで昼休みの実証実験を行いました。ストレスホルモンの指標になる「コルチゾール」は鑑賞前に高い値でしたが、鑑賞後は正常値に戻りました。短時間鑑賞でも 5 時間の休息に値すると報告しています。

また、ローマ・トレ大学のステファノ・マスタンドレア（2019 年）らは、血圧と脈拍数という生理面から、現代美術と具象画の鑑賞前後の変化を調べました。その結果、具象画を見学したグループは収縮期血圧（最高血圧）が有意に低下したと報告しています。

2.3.3 「博物館浴」研究は新たな価値創造につながる

このように、展示鑑賞が健康維持、ストレスの軽減に効果があるというエビデンスは蓄積されつつありますが、いまだ研究数が少ないため、研究方法や実験手順の統一化が進んでいません。

そこで、筆者は海外の実証研究をもとに、国内の博物館、医療・福祉機関が連携した、新たな博物館機能＝「博物館健康ステーション」を提起し、6つの問いに応えるために、2020年9月から「博物館浴（＝博物館のもつ癒し効果を人々の健康増進・疾病予防に活用する活動）」実証実験を開始しました（2024年9月現在、全国77館、1,129名）（**図2.3**）。

(A)　　　　　　　　　　　　(B)

図2.3　博物館浴実証実験
（A）おしゃべり鑑賞（国立西洋美術館）、（B）心理測定風景

これまでの実証実験（展示鑑賞前後の生理＜血圧／脈拍＞・心理＜感情評価＞測定）から、以下のことが明らかになりました。

① 見学時間が30分、20分、10分でもリラックス効果に影響があった。
② 歴史系、考古系、美術系、自然史系など多彩な館種で、リラックス効果に影響があった。また、古美術を見た人は【抑うつ】【疲労】の数値が下がり、抽象画を見た人は【活気】の数値が上がった。
③「低血圧」の人の数値が上がり、「高血圧」の人の数値が下がった。つまり、人間の恒常性を保とうというはたらきが見られた。

こうした結果から、展示鑑賞による「博物館浴」は、超高齢社会、スト

レス社会に対する新たな「レジリエンス」となる可能性があり、さらには博物館の価値創造、ヘルスケア産業分野にも大きなインパクトがあると期待されます。

〈参考 Web サイト〉

1) 世界保健機関（WHO）欧州地域事務局：
   https://www.who.int/europe/publications/i/item/9789289054553

2) Daisy Fancourt ほか（2019 年）：
   https://www.bmj.com/content/367/bmj.l6377

3) 文化庁「文化芸術推進基本計画（第 2 期）」：
   https://www.bunka.go.jp/seisaku/bunka_gyosei/hoshin/

4) イギリス博物館協会：
   https://www.museumsassociation.org/campaigns/museums-change-lives/enhancing-health-and-wellbeing/

5) Mikaela Law ほか（2021 年）：
   https://bmjopen.bmj.com/content/bmjopen/11/6/e043549.full.pdf

6) Angela Clow ほか（2006 年）：
   https://westminsterresearch.westminster.ac.uk/download/e2f2c5a83af1a5bda4ba86cd1a0d0fc06038ba9c54491da6bbe89380177394b7/196888/Clow_%26_fredhoi_2006_final.pdf

7) Stefano Mastandrea ほか（2019 年）：
   https://pubmed.ncbi.nlm.nih.gov/31038442/

8) 緒方泉（2021 年）：
   http://repository.kyusan-u.ac.jp/dspace/bitstream/11178/8387/4/Ogata_Museum%20Studies58-1-e.pdf

2.4 博物館展示と関連法令等

　博物館における展示には、法令等によりさまざまな基準や制限が設けられています。ここではそれらを、来館者と博物館で働くスタッフの安全や展示資料の保存状態を維持することと、展示資料にまつわる人の権利を保護することという、大きく2つの目的に分けて解説します。

2.4.1 人と展示資料の保護

　博物館は、不特定多数の人に向けて資料を展示します。そのため博物館は、館内にいる人と資料の両方の安全を確保する必要があります。博物館の建物は、建築基準法や消防法をはじめ、床面積によってはビル管理法（建築物における衛生的環境の確保に関する法律）やバリアフリー法（高齢者、障がい者等の移動等の円滑化の促進に関する法律）など、さまざまな法令等が定める基準を守るよう義務づけられています。したがって、普段から建物や運営方法がこれらの基準に適合しているのが大前提です。しかし、例えば特別展や企画展で普段とは異なる会場構成を行う際に、仮設壁や大型の展示ケースを配置したことで、気付かぬうちに避難口や通路の誘導灯、誘導標識を隠してしまったり、通路や避難経路に必要な幅が確保できていなかったりすることもあるかもしれません。展示を計画する際には、こうした観点からも問題がないか検証し、不安があれば前もって管轄の消防署等に相談すべきでしょう。また、来場者が極端に多い展示では、館内の二酸化炭素濃度が急激に上昇し、来場者やスタッフの気分が悪くなるなどのトラブルが生じることがあります。展示室のキャパシティを超える来場者が見込まれる場合には、時間あたりの入退場する人数を把握して制限したり、こまめに二酸化炭素濃度を計測したりして、資料に対して適切な温湿度を維持しながら必要な外気をとり入れるなど、細やかなコントロールができる体制を整えておく必要があります。

　一方で、展示資料そのものの保存状態を維持するために、展示の仕方に

制限を加える法律もあります。文化財保護法は、日本にとって歴史上または芸術上価値が高く重要なものを、重要文化財や国宝として指定しています。こうした指定文化財には材質が脆弱なものも多く、展示にあたっては細心の注意が必要となります。指定文化財を所有者から借りて展示する際には、事前に文化庁長官の許可を得る必要があり、材質や展示条件によりますが、原則として公開日数は年間延べ60日以内、展示室や展示ケース内の温湿度、照度についても基準値が示されるなど、細かなとり扱い要項が定められています。

2.4.2 展示資料にまつわる権利の保護

　博物館でとり扱う資料は、それぞれが固有の来歴をもち、博物館に持ち込まれるまでに複数の人の手を介しているのが一般的です。こうした人たちは、その資料に関して何らかの権利を有していることがあります。博物館は、展示に際して資料にまつわる人の権利についてもあらかじめ把握し、必要に応じて許諾を得るなどの手続きを行わなければなりません。

　例えば、資料のなかには著作物として法的な保護の対象となるものがあります。著作権法において、著作物とは「思想又は感情を創作的に表現したものであって、文芸、学術、美術又は音楽の範囲に属するもの」とされています。思想または感情を表現したものですから、客観的な事実やデータは著作物ではありません。また、著作物は表現されたものなので、作風やアイデアといった直接的に表現されていないものは保護の対象にはなりません。創作的かどうかは表現の巧拙とは無関係ですので、素人が描いた絵やスマートホンのカメラで撮影したスナップ写真も、基本的には著作物として扱われます。一方で実用のための工業製品などは著作物からは除かれます。

　著作物を創作する者のことを著作者と呼びます。小説家や画家、作曲家などはもちろん、手紙や写真、イラストなどを作成した人も、条件さえ満たせば誰でも著作者となりえます。この際には何ら特別な手続きは必要なく、著作物を創作した時点で自動的に著作者の地位が与えられます。

　著作者は、複製、上演、公衆送信、展示など著作物の利用の仕方ごとに

個別の権利をもっており、これらの権利の束を総称して著作権と呼んでいます（**表2.1**）。原則として、著作者はこれらの権利を専有（著作者だけが独占）していますので、他人が著作物を利用する際には著作者（もしくは権利を譲受、相続した著作権者）の許諾が必要で、場合によっては利用料の支払いなどの条件が課されます。ただし、これらの権利は著作者の死後70年を経過するまでの間という存続期間が定められており、それを過ぎると権利は消滅し、誰もが自由に利用できる状態になります（権利が消滅した状態をパブリックドメインと呼びます）。また、報道や批評、研究などでの引用や私的使用などいくつかの利用の仕方においては、存続期間内であっても著作権が制限され、許諾なく利用できます。博物館での著作物の利用にも、著作者の許諾が必要な場合と、許諾なく自由に利用できる場合とがありますので、利用方法に応じて著作権法の内容をよく理解しておく必要があります。

表2.1 著作権に含まれる権利の一覧

著作権	著作者人格権 ・精神的利益を守る権利 ・譲渡できない	公表権
		氏名表示権
		同一性保持権
	著作財産権 ・財産的利益を守る権利 ・譲渡や相続ができる	複製権
		上演権、演奏権
		上映権
		公衆送信権等
		口述権
		展示権
		頒布権
		譲渡権
		貸与権
		翻訳権、翻案権等
		二次的著作物の利用に関する原著作者の権利

　さて、著作権法では、美術の著作物または未発行の写真の著作物の原作品（複製ではなく作品そのもの）を公に展示するために、展示権という著作者が専有する権利を定めています。では、博物館が館蔵の美術品を展示

する際にも、毎回著作者に許諾を得なければならないのでしょうか。実はこの権利には制限が設けられており、原作品の所有者であれば許諾なく展示ができることになっています。したがって、博物館は館蔵の美術品であれば自由に展示することができます。ただし、こうした美術品を公園など一般に開放された屋外に恒常的に設置する場合には、著作者の許諾が必要です。

　寄託品や一時的な借用品など、館蔵品以外の資料を展示する場合は、あらかじめその資料の所有者に同意を得ておく必要があります。展示資料が美術や未発行の写真以外の著作物であれば、特に展示の制限はありません。ただし、私信や日記など、そもそも公表することを前提としていない著作物を展示する場合は、公表するかしないかを決定できる権利（公表権）をもつ著作者に、許諾を得る必要があります。

　博物館での展示に際して、著作物の画像をポスターなどの印刷物やWebサイトに掲載する場合にも注意が必要です。ポスターは複製権、Webサイトは公衆送信権等の定めにより、原則として著作者の許諾が必要です。ただし、いくつかの例外があり、美術または写真の著作物の原作品を展示しようとする場合、博物館はその解説や紹介を目的にした小冊子には許諾なく画像を掲載できます。また、施設内での利用に限定すれば、高解像度のデジタル画像を用いて細部を拡大して見せたり壁面に大きく映写したりすることもできますし、サムネイル程度の解像度（32,400画素以下）であれば、Webサイトへ掲載することもできます。

　著作権のほかにも、資料には展示に際して把握しておくべきさまざまな権利があります。写真資料に人の顔や姿が写り込んでいる場合や、文字資料に特定の個人を識別できる住所、氏名などの情報が記載されている場合には、これらを展示することで肖像権やプライバシーの侵害と判断されることがあります。とりわけ民族・民俗分野では、さまざまな人の顔や姿の写真を展示することも多く、注意が必要です。なお、肖像権やプライバシー権は法律に定められた権利ではなく、憲法13条の幸福追求権を根拠として複数の判例に基準が示されているものです。個々の事例が侵害となるか否かは、こうした判例を踏まえて検討しなければなりません。もしこうした個人情報そのものを展示することが資料の理解にとって必要不可欠

でなければ、その部分をマスキングするなどの工夫で、あらかじめトラブルを避けることもできます。

2.4.3 来場者による展示資料の撮影

　近年、来場者による展示資料の撮影を認める博物館が増えてきました。来場者のなかには自由な撮影を望む人もいれば、シャッター音がうるさい、資料の前から動かなくなるなどの理由で他人の撮影を嫌がる人もいるため、時に来場者同士のトラブルに発展することもあります。来場者に対して展示資料の撮影を許可したり禁止したりしているのは、直接的には博物館ですが、その際に何に基づいて可否を決めているのかについては、トラブルを避けるためにも明確にしておく必要があります。

　よく誤解されがちですが、実は著作権法の上では、私的使用の範囲内であれば撮影に著作者の許諾は必要ありません。したがって、著作権の及ばない資料はもちろん、著作権の保護対象の資料であっても、自由に撮影することができます。ただし、撮影した画像を SNS などの Web サイトにアップロードする行為は私的使用には含まれないため、著作者に許諾を得る必要があります（公衆送信権）。私的使用とは、あくまで自分や家庭、親しい友人などごく狭い範囲内で趣味として楽しむことをさしています。

　続いて所有権の観点から見ると、一般に資料の所有者は、他人による撮影を許可するか禁止するかを決める権利をもっています。したがって、博物館は館蔵品の撮影についてはその可否を自ら決めることができます。一方で寄託品や借用品の撮影については、それぞれの資料の所有者に意向を確認しておく必要があります。

　また、民法に定める施設管理権の観点からは、建物や敷地の所有者や管理者は、その施設内での撮影や迷惑行為を禁止することができます。したがって、例えば展示室が混雑しすぎて撮影を許可すると人や資料が危険な場合などに、博物館はこれを禁止することができます。実際に資料の撮影を認めている博物館でも、多くの場合、自撮り棒や三脚、ドローンなどを用いた撮影は認めていませんが、これは施設管理権に基づく禁止と考えられます。

博物館はこうした法令等を根拠に、ケースバイケースで撮影の可否を定めることができますが、トラブルを避けるためには、来場者がその意図を適切に理解できるようにわかりやすく伝える工夫が必要です。

＜参考文献＞

1)　文化庁著作権課：著作権テキスト　令和 6 年度版，文化庁（2024）
2)　甲野正道：現場で使える美術著作権ガイド 2019（全国美術館会議 編），美術出版社（2019）
3)　高田祐一 編：奈良文化財研究所研究報告第 34 冊『文化財と著作権』独立行政法人国立文化財機構奈良文化財研究所企画調整部文化財情報研究室（2022）

第 3 章

博物館展示の技術

名古屋市博物館「驚きの博物館コレクション」展での展示

展示のプロセス
展示室の設備と環境
3D によるレプリカ製作
展示解説
展示図録

3.1 展示のプロセス
―企画から終了まで

　博物館とそこを訪れる人々との最も大きな接点は、その博物館の展示といってよいでしょう。ここでは展示がどのようなプロセスを経てつくられているのか見ていきましょう。

　博物館の展示には、いつでも見ることのできる常設展と会期を設定した特別展（企画展）とがあります。ここでは特別展（企画展）を例として、その企画から終了までを、企画・実施・終了の3段階に分けて、会場づくりとともに付随する事柄を併せて説明します。

3.1.1　企画段階

　博物館ではしばしば特別展（企画展）を開催します。そのきっかけはさまざまで、学芸員による調査研究が展示として結実するケース、もろもろの事情から展示の開催を要請され企画するケース、パッケージ化された展示を実施するケースなどがあります。博物館における展示は「学芸員の研究発表の場」「学芸員にとっての論文」という考えがありますが、その考えは正しい部分とそうとはいいがたい部分があります。

　経緯にかかわらず、展示の企画は設定したテーマを明確にして、企画書あるいは開催要項をまとめることからはじまります（**図3.1**）。このとき、6W2H（5W1H に whom と how much を加えたもの）、すなわち、

what	（何を）	→	展示のテーマ、展示資料
why	（なぜ）	→	展示の目的
who	（誰が）	→	展示の主催者
when	（いつ）	→	展示の会期
where	（どこで）	→	展示の場所、会場
how	（どのように）	→	展示の構成、手法
whom	（誰に）	→	展示の対象、ターゲット
how much	（いくらで）	→	展示の経費

を念頭において進めていきます。

　企画書あるいは開催要項に含まれる項目には以下のものがあります。

① 展示の名称　展示の内容を端的に示し、かつあまり長くないもの。サブタイトルを付けることも多いのですが、広報媒体によっては省略されることがあり注意が必要です。

② 展示のねらい　展示を通じて伝えたい主題（1〜2段落）

③ 展示の構成　展示の章立てと内容（各章1〜2段落）、主な展示資料（各章1〜2点程度）

④ 会期　展示期間、休館日、開館時間など

⑤ 場所　会場名、所在地など

⑥ 主催者

⑦ 関連事業　講演会、ワークショップなど（日時、講師など）

　必要に応じて、展示のターゲット層（居住地の範囲、年齢、性別など）

　企画書・開催要項を作成する過程で企画者は考えを整理でき、文書として視覚化することで、抜けや全体のバランスを確認することもできます。準備作業の進行に伴って修正されていき、最終的には展示資料を網羅した一覧表も含まれているはずです。

　ほとんどの場合、展示は組織で行われます。組織内での検討の際にも企画書・開催要項は判断する材料として不可欠のものです。組織内だけではなく展示資料借用先や協力機関などへの説明にも必要となります。

　続いて、展示のテーマに沿って展示候補資料をリストアップしていきます。テーマを設定する際、核となる展示候補資料がいくつか挙がります。逆にひとつの資料が核となってテーマ設定をすることもあります。どちらの場合でも、この段階では関連する資料と情報をできるだけ広く渉猟し、テーマを語るのにふさわしい資料リストを作

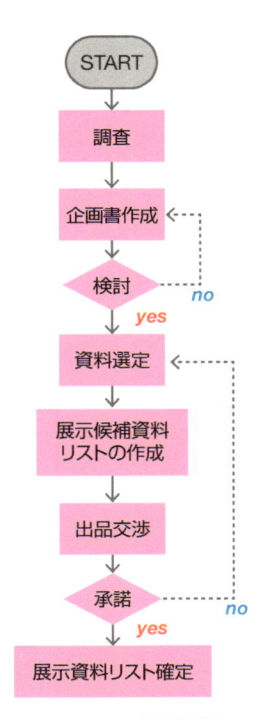

図3.1　企画段階

成します。このリストを作成する過程で、展示の構成が徐々に固まってきます。このようにしてつくった「理想のリスト」を第一次展示候補資料リストと呼ぶことにします。

　第一次展示候補資料リストに基づいて資料所有者に出品の依頼をするのですが、その際には展示の趣旨と出品依頼をする資料が必要な理由を説明し、理解していただかなければなりません。

　多くの場合、展示候補資料は変更・修正をしなければならなくなります。というのは、展示の趣旨や資料の必要性を理解していただいた場合であっても、重なる（あるいはごく近い）時期の展示への出品が決まっている、修復中であるなどの理由によって、出品の承諾が得られなかったり、展示期間が制限されている資料があるからです。そのため、展示構成を大幅に変更しなければならないことがありますし、場合によっては、当初の企画自体を断念し、テーマを変更せざるをえないこともあります。

　第一次展示候補資料リストをどの程度変更・修正しなければならないかは、資料の特性によって変わります。温湿度や光などの影響を受けやすい日本画や染織品などでは、作品ごとに年間公開期間が定められている場合が多く、それらの制限をあまり受けない考古資料などに比べると、出品の承諾を得られない確率がどうしても高くなります。日本画のような展示環境にデリケートな資料・作品を主とする展示では、会期中の展示替えを考える必要があるので、第一次展示候補資料リストを作成する際には、展示スペースに見合った点数よりも相当多くリストアップしておかなければなりません。

　出品依頼・交渉の結果を反映した何度かの変更・修正を経て、展示資料リストが確定します。

3.1.2 　実施段階

　展示資料リストに基づいて、さまざまな実務を行うのが実施段階です。パッケージ化されている展示の場合は、ここからはじまります。

　実務はいくつかを並行して進めていくことになります。広報・宣伝、展示図録の出版、展示会場の設営、展示資料の輸送、特別展関連事業（イベ

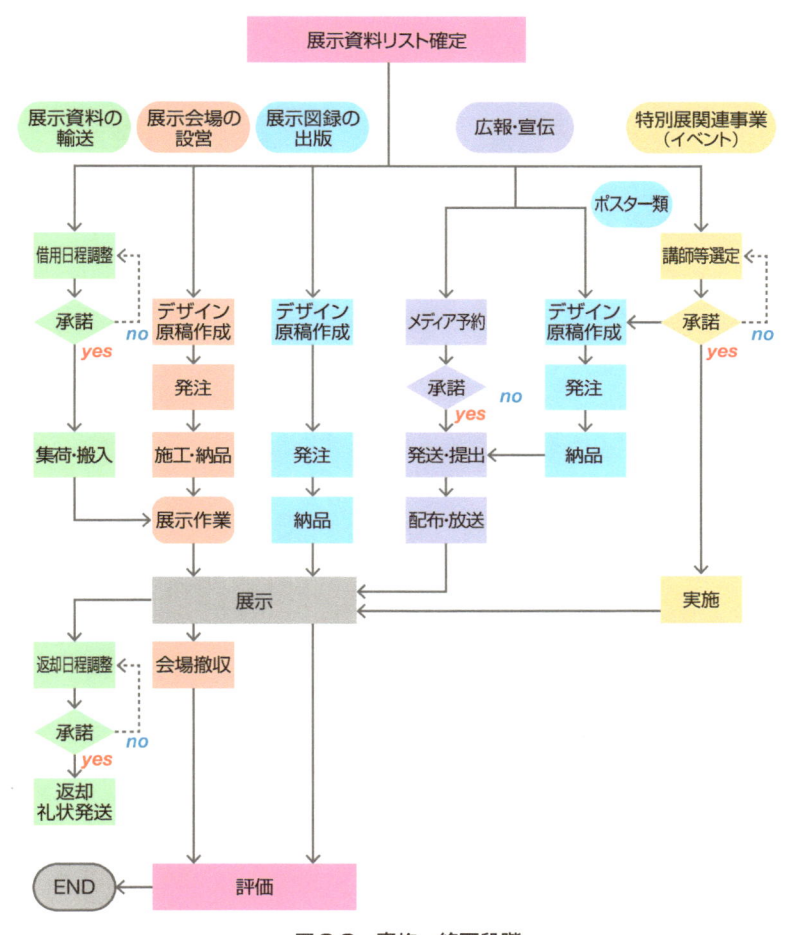

図3.2 実施・終了段階

ント）の5つに大別して考えると理解しやすいでしょう（**図3.2**）。

A. 広報・宣伝

どんなにすばらしい内容の展示であっても、その展示が開催されていることを知らなければ、だれも見に行くことはできません。広報・宣伝は、展示を周知させるために必須の仕事です。

具体的な方法としては、チラシ類の配布、ポスターの掲出、新聞・雑誌などへの広告、テレビ・ラジオのスポット、マスコミ向けプレスリリースの発行、Web サイトの立ち上げ、ブログや Facebook など SNS の利用など

が挙げられます。かなりの経費を必要とする場合もあり、展示の対象に合わせて方法を取捨選択しているのが現状です。

そうしたなかでチラシ類とポスターは、パソコンなどの装備を必要とせず、広く人の目に留まり、新聞・雑誌・放送などのマスメディアを使う方法に比べると安価なこともあり、広報・宣伝の重要なツールとなっています（3.11節参照）。

チラシ類やポスターには、タイトル、会場、会期、休館日、開館時間などの基本的な開催情報のほか、効果的なキャッチコピー、代表的な展示資料の画像などが含まれているとよいでしょう。

広報・宣伝を開始する時期は、展示の規模や主催者の意向、準備状況などによってさまざまですが、少なくとも会期の3週間前くらいまでには人の目に触れるようにしておくのが望ましく、会期がはじまる1か月ほど前までにはチラシ類やポスターが配布先、掲出先に届いているように手配します。

通常の印刷方法であれば、ポスターなどの1枚ものの印刷物は、入稿から納品まで2〜3週間程度の時間が必要です。原稿の準備やデザイン制作、それらを検討する時間を考慮すると、少なくとも会期のはじまる4〜5か月前には制作の準備にとりかかっていなければならないでしょう。

B. 展示図録の出版

展示に際しては、展示内容や展示資料を解説する展示図録などを出版します。展示の性格によって、展示図録の性格も変わり、美術系の展示では「作品集」の色合いが強くなり、歴史系の展示では「解説書」「ガイドブック」の色合いが強くなる傾向があります。また、若年層を対象に、親しみやすい表現で展示を解説する「子ども図録」をつくる試みも多くなっています。これらもチラシ類・ポスターと同じくらいの時期、つまり会期のはじまる4〜5か月前にはとりかかるのがよいでしょう（3.12節参照）。

C. 展示会場の設営

展示の構成に基づいて、会場を大まかに区分け（ゾーニング）し、資料の展示位置を決めます。そして、資料の寸法から展示するために必要な壁面の長さ、展示ケースの容積を割り出します。それを会場図面に落とし込みながら、実際に展示が可能かどうかを検証します。絵画や写真は資料・

作品そのものの寸法ではなく、それらの収められた額やマット、日本画や書のように軸装されたものであれば表装を含めた寸法が基準となります。既存の展示ケースや可動壁のほかに、必要であれば仮設の展示ケースや壁を製作します。その場合は施工する期間が必要となります。

　図面上で検証しながら、会場内全体での「見え方」にも留意して会場構成を考えていきます。利用者に最初に見える資料は、展示を代表するシンボリックなもの（チラシ類やポスターに使われているような資料）がふさわしいでしょうし、同じグループに分類できる資料は同じケースや壁面に配置するほうが展示の趣旨を伝えやすいでしょう。

　そして、入口から出口までスムーズに順路をたどることができる動線を設定したり、展示が単調にならないためのメリハリのつけ方（例えばテーマごとに壁面の色を変えるなど）や見せ方を考えていきます。

　会場の設営および展示台などの什器類、展示資料を吊ったり、支えたりするための展示用のパーツ類、パネル類は、資料の展示作業をはじめる前にそろっていることが必須となります。

　会場の温湿度調整や防犯防災対策など展示環境を整えておくことはいうまでもありません。

D. 展示資料の輸送

　展示資料の輸送は、多くの場合、美術品輸送専門業者の美術品専用車を利用して行います。

　借用・返却の日程は、所有者と調整して決めます。できるだけ移動距離を少なくすること（資料保全のため）、同じ方面はできるだけまとめて輸送すること（時間と経費の節約のため）に留意します。

　借用時に、その時点での資料の状況（欠損や破損、新旧のキズの有無、弱くなっている部分など）

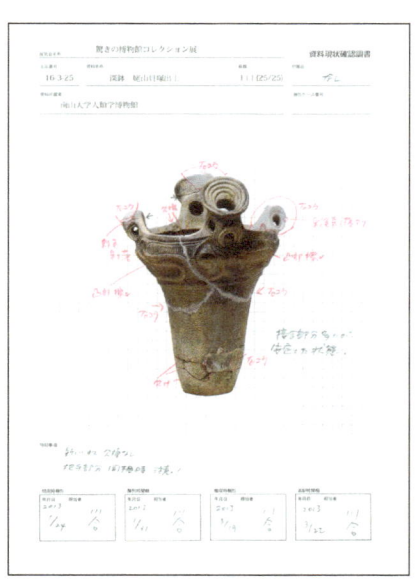

図3.3　現状確認調書の一例

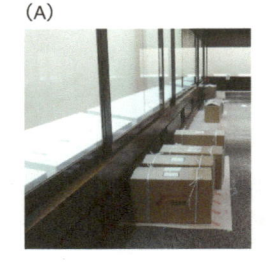 (A)
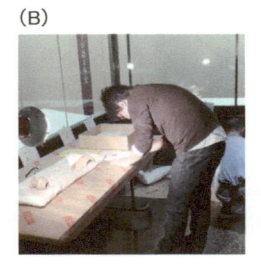 (B)
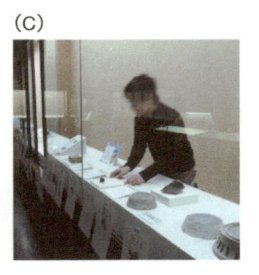 (C)

図3.4　搬入、開梱、展示作業〔写真提供：名古屋市博物館〕
(A) 借用した資料を梱包された状態で展示室に搬入する。(B) 展示する位置に近いところで開梱し、資料の状況を確認する。(C) 資料パネルを配置しながら資料の位置を微調整する。

を、貸し方と借り方の双方が確認します。確認した結果を記録するための用紙（現状確認調書などと呼びます）を用意しておきます。欠損部分やキズの位置などを具体的に書き込めるように写真（できればいくつかの方向から撮影したもの）を付けておきます（**図3.3**）。近年、所有者側が資料のコンディションレポート（資料状況調書）を作成していて、それに基づいて双方で確認する事例が多くなっています。資料の状況確認は、輸送の際の梱包と開梱（梱包を解くこと）のときに必ず行います。

　実際に移動する時間のほかに、搬入時はシーズニング（新しい環境に慣らすため、梱包を解かずに一定の期間そのまま置いておくこと）と開梱、展示作業にかかる時間を、搬出時は撤収作業、梱包にかかる時間をそれぞれ考慮する必要があります（**図3.4**）。そのため、借用期間は展示期間の前後1週間から10日間程度多めに必要となります（展示点数によっては1週間より短期間で十分な場合もあります）。

　借用の際には、借用する資料と引き換えに、「資料（作品）預り証」を貸し方（資料所蔵者）に渡します。「資料（作品）預り証」とは、借用の目的（「○○展に出品のため」など）、借用期間、展示期間、借用する資料の名称などを記したものです。そして、返却の際、借用した資料と「資料（作品）預り証」と引き換えて、借用から返却に至る手続きが完了します。

E. 特別展関連事業（イベント）

　展示に関連した講演会やワークショップ、コンサートなど各種のイベントを開催することが多くなっています。関連事業を単独で広報・宣伝する

のは経費面からも難しく、展示のチラシ類やポスターへの掲載が最も規模の大きな告知となります。そのため、関連事業の内容についてチラシ類やポスターを制作する時期までに決定しておく必要があります。

　会場の施工が終わり、展示台等を設置した後、いよいよ資料の展示にかかります（**図 3.4C**）。図面上でどんなに詳細に検討しても、実際に資料を展示しはじめると微調整が必要になります。そして照明をあて（ほとんどの場合、照明をあてた後にも再度微調整をする）、展示会場が完成します。展示会場の完成と前後するころ、展示図録も納品されます。

　しかし、これで終わったわけではありません。会期中には日々のチェック（温湿度など会場の環境、資料の状況など）、利用者からの質問などへの対応、講演会等関連事業の実施、展示替え、資料返却の段どりなど、すべきことはまだまだ残っています。

3.1.3 終了段階

　会期の終了後、資料をそれぞれの所有者に無事に返却して一段落です。効果のあった点や改善すべき点などについて展示評価をして、関係者間で以後の事業に活かせるように情報が共有できたとき、ひとつの展示が完結するのです。

〈参考文献〉
1) 竹内順一：美術館の運営―特別展の立案から実施まで，芸術経営学講座①，東海大学出版会（1994）
2) 並木誠士，吉中充代，米谷優：現代美術館学，昭和堂（1998）
3) 村上義彦：博物館の歴史展示の実際，雄山閣（1992）

3.2 動線計画

博物館の動線計画は、博物館の建築設計や博物館の諸機能の関連づけの方針によって規定されます。また逆に、展示のコンセプトを規定する要素にもなります。博物館の基本構想・設計段階において考えなければならない最も重要な事項のひとつです。

3.2.1 動線とは何か

動線は英語では orientation といい、「人の動きの軌跡を示すもの」であるとされます。博物館学の概説書によれば、動線計画とは「人の動きを予測し、またつくり出すこと、すなわち『導線』を計画・設計することをさす」と説明されています。

> **基本用語　動線と導線**
>
> 「ドウセン」には「動線」と「導線」という、音が同じで字の異なる用語があります。この2つの言葉は、博物館学においては「両者の意味で動線という言葉が使われることが多い」とされますが、本来の意味は違います。
>
> 辞書的にいえば、「動線」とは、人や物などが移動する軌跡・方向などを記した線をさしており、博物館学でいう動線の意味と同じです。しかし、「導線」のほうは、電流を通すための導体としての針金のことを指しており、意味のうえでは「導線」という語を「動線」と同義で使うのは明らかに誤用ということになります。
>
> ホテル業界では、「導線」を「客を導く」というニュアンスを込めて、博物館学での使い方と同じように「導線」を「動線」と同じ意味で使っているようです。しかし、やはり本来は意味の違う言葉であるため、本書では「動線」を用います。

3.2.2 ゾーニング（zoning）

展示動線の説明に入る前に、博物館全体の動線計画について触れておきます。

博物館を訪れる人には、大きく分けて、一般の来館者と博物館の学芸員・職員や来客など博物館の業務に関係する人の二者がいます。博物館の

空間を区分するうえでは、この二者の動線が交錯しないことが望ましいとされるため、一般来館者のための公開ゾーン、業務に関係する人のための非公開ゾーンを設ける必要があります。このように、建築のなかで機能や性格によって空間をまとめていくことをゾーニングといいます。

公開ゾーンには常設展示室、特別展示室、講義室、図書室などがあり、非公開ゾーンには収蔵庫や各種研究室、管理部門のスペースなどが含まれます。しかし、単純に公開ゾーンと非公開ゾーンに分けるだけでよいのではなく、博物館のさまざまな機能を有機的に関連づけるような配置をとらなければなりません。

博物館全体のゾーニングの前提について、『博物館学事典』によれば、

① 単純・明快であること

② 異なる動線が交錯しないこと

③ 各動線の使用量を想定し、これに応じた長さ・幅をもつこと

④ 火災や盗難などの非常事態をも事前に想定し、これに対応したものであること

などがあげられています。

3.2.3 展示動線の実際

それでは、展示動線はどのように設定されるか見ていきます。一般的に展示動線を決定する要因としては、展示室の規模や展示室間の配置と関係づけなどがありますが、どのくらいの来館者を想定するか、またどのような展示構成をするかによっても変わってきます。展示構成については設計段階である程度決まっていれば、それを設計に反映できるでしょうが、実際には展示室の構成によって展示内容が決まるという側面も強いでしょう。

さて、複数の展示室がある場合、それらの配置のパターンは、

① **中央広場型** 中央に広場を設定し、そこを基点に各展示室にアクセスします。

② **廊下接続型** 廊下によって各展示室が結びつけられます。

③ **平面巡回型** 展示室が直接連続します。

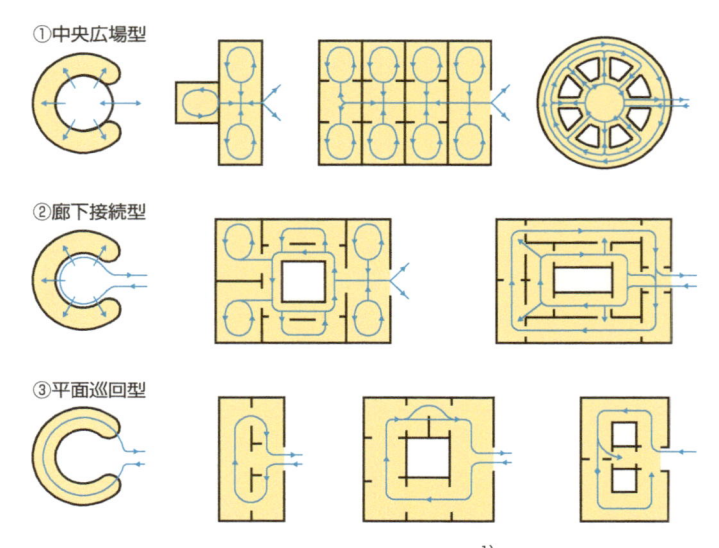

図3.5　展示動線パターン[1]

〔日本展示学会「展示学事典」編集委員会 編：展示学事典，p.81，ぎょうせい（1996）より引用〕

といった3つのレイアウトパターンに大別できます（**図3.5**）。

　次にひとつの展示室内の動線を見てみます。展示室内の動線は、設定者側が考える動線にどの程度来館者に従ってもらうかによって、完全強制動線、強制動線、半強制動線、自由動線の4パターンに分けることができます。どのパターンを採用するかは、展示内容やストーリー、予想される来館者数によって変わってきます。歴史展示のように、時系列に沿って展示を見てもらう場合には強制動線をとることになるでしょうし、たいへんな混雑が予想される場合には、かなり厳密な完全強制動線をとらないと混乱をきたしたり、来館者の安全を確保できなかったりする場合すらあるでしょう。

　一方、現代美術の展覧会のような場合には、自由動線のほうが見やすかったり、自分の見たい作品に直接アクセスしたりすることができ、便利かもしれません。

　しかし、多くの博物館・美術館では自由動線と強制動線を組み合わせている場合が多く、どのような動線計画にするかは、前述したように展示内

容、展示室の構造、想定される来館者数などから総合的に判断し、決定すべきでしょう。

実例 動線の実際

　中央広場型の動線の例としては、ルーブル美術館や大英博物館があります。ルーブル美術館では、よく知られたガラスのピラミッドの下にあるエントランスから、シュリー翼、リシュリュー翼、ドゥノン翼にアクセスできるようになっています。

　大英博物館では、入口にあたるグレート・コートから各展示室へアクセスすることができます。ただし、ルーブル美術館にしろ、大英博物館にしろ、規模が巨大なので、実際には廊下接続型・平面巡回型も複合しながら、各展示室が構成されています。

　廊下接続型の例としては、パリのポンピドゥーセンターがあります。中央の廊下をはさんで両側に展示室が配置される構成になっています。

　複数の展示室の配置として最も一般的なのは平面巡回型でしょう。日本でも国立民族学博物館をはじめ、枚挙にいとまがありません。

　多くの場合、展示室のレイアウトには複数のパターンが複合的に採用されています。また最近では、展示室を大きな空間として確保して、必要に応じて間仕切りを設置するなど、レイアウト変更のしやすい展示室も見られるようになりました。

実例 展示室での行動

　博物館学概説書の名著、倉田公裕・矢島國雄著『新編博物館学』には、動線にまつわるおもしろいエピソードが紹介されています。

　アメリカのペンシルバニア美術館が来館者の行動調査を行った際、美術館は来館者の多くが展示室を時計回り（右回り）に回るものと予測して、そのように展示を構成していました。しかし、数千名にわ

たる来館者の行動を調査した結果、実に来館者の82％が反時計回り（左回り）に回ったというのです。

その理由は明らかにされていませんが、展示者の意図に反した来館者の行動は、展示室ではしばしば観察されることです。

また、実験や行動調査をした結果ではないので正確ではないかもしれませんが、筆者の経験からすると、展示室が暗い場合、人は壁に沿って動くことが多いのではないかと思います。

このあたりのことは心理学的な実験や調査によって検証する必要があるでしょう。

〈引用文献〉

1）　日本展示学会「展示学事典」編集委員会 編：展示学事典，p.81，ぎょうせい（1996）

〈参考文献〉

1）　宮瀧交二，矢島國雄：動線計画，博物館学事典（倉田公裕 監修），p.187，東京堂出版（1996）
2）　倉田公裕，矢島國雄：新編博物館学，東京堂出版（1997）

3.3 展示環境の管理

博物館・美術館は資料を展示する場所であり、保存する場所でもあります。私たちが鑑賞し、学ぶのと同様に、後世の人々もその資料を享受できるように努めることが求められます。この節では、資料を展示しながら守るためにはどのようなことに気をつけたらよいのか、またどのような工夫をしているのか―展示環境の管理とその技術について見ていきます。

3.3.1 展示環境の管理の目的

資料は、置かれた場所の状態から影響を受けます。その影響によって劣化の有無やその速さが異なります。「傷んだら直せばいいだろう」と考える人がいるかもしれませんが、欠けたり、汚れたり、化学的に変化した資料は、直しても完全にはもとに戻りません。そのため、資料を置く場所の温度・湿度、光など傷める要因を適切に管理して、資料が傷まないようにすることが大切です。

また、博物館・美術館の展示室では、資料に対する環境管理だけではなく、鑑賞者に対する環境管理も必要になります。資料を保管する収蔵庫については資料優先の環境管理が考えられますが、鑑賞者を迎える展示室については、資料にとって快適な環境をめざすと同時に、鑑賞者にとっても快適な環境が求められます。しかしそれぞれに適した環境が、双方にとって適切になるとは限りません。だからこそ、その両方に目を向けた展示環境の管理が大切になるのです。

3.3.2 展示環境の管理の前提

展示環境の管理を考えるとき、その前提となるのは展示する資料が何で作られているか、そして現在どのような状態であるかを知ることです。伝統的な技法で作られた資料については、「日本画」「油彩画」「漆工品」と

いった種別によって、先人たちの研究や経験、残された文献などから材質の見当がつきます。例えば、伝統的な技法で描かれた日本画には、絹や紙、顔料、膠、明礬などが使われています。また、資料の状態は、制作されてからの時間や保存状態によって異なります。より詳しく資料の状態を知る必要があるときは、科学者と連携して科学分析や調査を行います。そして、博物館・美術館では、所蔵品台帳と併せて、こうした資料の状態の記録を管理します。

3.3.3 資料を傷める要因の管理

　ここからは資料を傷める要因となる【温度・湿度】【光】【生物】【室内空気汚染】【振動・衝撃】【盗難などの人的破壊】【災害】の管理を具体的に見ていきます。

A. 温度・湿度

　私たちは日常の生活で、温度の高い部屋に食べ物を置いたままにして腐らせてしまったり、湿度の上がる風呂場にカビが生えてしまったり、金属が錆びてしまったことを経験しています。同じように、温度が高いと資料の傷む速度が速まり、湿度が上がると資料にカビやサビが発生する確率が高まります。そのため温度・湿度を適切に管理する必要があります。資料の種類別に推奨されている温度・湿度の基準を**表3.1**に示しました。基準に合わせて調整しますが、急激な変化やくり返される上下変化は資料に大きな影響を与える場合があります。緩やかに変化するように調整することが大切です。展示の際、借用資料がある場合は、資料をその展示環境に適応させる時間を十分にとる「慣らし（シーズニング）」をします。

　温度・湿度計には、さまざまな機能や大きさのものがあるので、用途に応じて選びます。いくつかの例を**図3.6**に示します。

　展示室の湿度は50〜60％前後に設定することが一般的です。しかし、金属品や考古学的遺物など、資料の材質や状態によってはより低い湿度が推奨されます。こうした場合は、空調機能を備えた展示ケースを使用したり、密閉性の高い展示ケース（エアタイトケース）に調湿剤を入れるなどの方法がとられています（3.5.2項B参照）。調湿剤は、ケース内の湿度が

表3.1　材質に応じた推奨温度と相対湿度条件[1]

温度	約20℃ 　　ただしフィルムについては白黒フィルム21℃、カラーフィルム2℃。写真については白黒写真18℃、カラー写真2℃。	
湿度 　高湿度 　中湿度 　低湿度 	材質によって適当な湿度が異なる。 100% 55〜65% 50〜65% 50〜55% 45〜55% 45%以下 30%以下	出土遺物（保存処置前のもの、防カビ処置が必要） 紙・木・染織品・漆 象牙・皮・羊皮紙 油絵 化石 金属・石・陶磁器 （塩分を含んだものは先に脱塩処理が必要） 写真フィルム

IIC（国際文化財保存学会）、ICOM（国際博物館会議）などで定めた推奨基準。

(A)　　　　　　　　　　(B)　　　　　　　　　　(C)

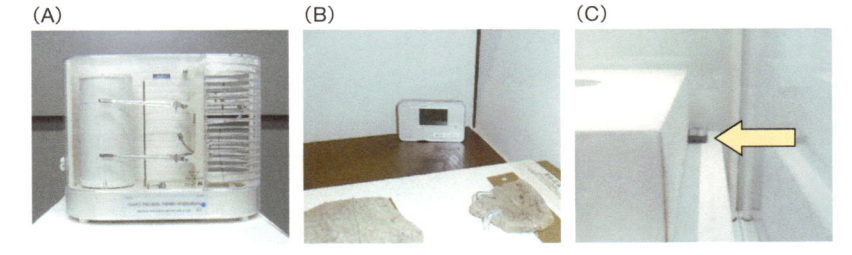

図3.6　さまざまな計測機器

(A) 毛髪式温度湿度計、(B) データロガ〔写真提供：南山大学人類学博物館〕、(C) 展示ケース内に設置した小型温度湿度計。

上がった際に湿気を吸収し、下がった際には放出する機能をもっています。また展示ケース内の湿度変化を緩和するために、調湿剤を使用することもあります（**図3.7**）。ケースに調湿剤を収納する場所が設けられていない場合は、鑑賞の妨げにならないように、台の裏側に設置したり、内装と同系色の薄手の布で調湿剤を包むなどの工夫をします（**図3.8**）。

　資料保存に適切な温度として国際的に約20℃が推奨されています。しかし、例えば日本では真夏に外気温が35℃を超える地域もあり、展示室や収蔵庫を約20℃に維持するには膨大なエネルギーを必要とします。また、来場者への温度差による体調への影響が心配されます。そこで、これまでの推奨値重視の考え方を見直し、資料の状態をよく考慮しながら温

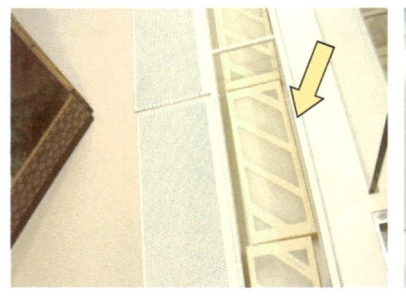

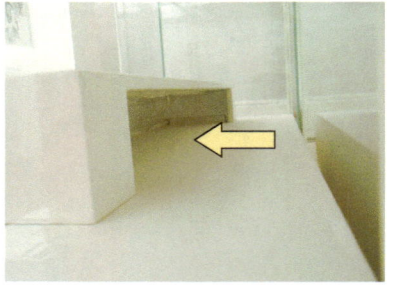

図3.7　調湿剤

図3.8　調湿剤を設置するスペースを
つくった演示台

度・湿度の設定値の幅を認め、季節にあわせて緩やかに上下させたり、展示室の扉の開閉を工夫して、温湿度が調整されていない室外の空気の流入を防ぎ、温度・湿度の変化の緩和を図るなどアイデアを活かすことも求められます。資料を守りながら、省エネルギー、地球環境へも配慮した管理とその技術の開発が期待されています（**実例**参照）。

実 例　省エネルギー、脱炭素へのとりくみ

　展示環境の温度・湿度の管理は空調により行われますが、環境への配慮が求められる社会において、博物館施設でも、特に大規模改修や新館建設時に、省エネルギー、脱炭素を可能にする管理方法や技術の導入が進んでいます。

　三重県総合博物館（2014年オープン）では、地中熱を利用した空調システムを採用。収蔵庫および企画展示室の空調に利用しています。福岡市美術館（2019年リニューアルオープン）では、改修の際に、空調だけではなく照明やガスなどのエネルギーを管理し、消費量の削減を図る管理システムを導入して、省エネルギーにとりくんでいます。

B. 光

　資料を見るときには光をあてますが、見るために必要なのが人間の目が感じることのできる可視光線です。可視光線より波長の短い紫外線は資料の劣化を促進させ、可視光線より波長の長い赤外線は資料の表面温度を上

昇させます。博物館・美術館では紫外線や赤外線を除去できる仕様の光源や照明器具を使用します。可視光線についても、資料の損傷を最低限にするために、資料が光に敏感かどうかを知り、展示の際には照度と照射時間を管理します（**図3.9**、**表3.2**）。なお、展示ケース内の照明については3.5.5項（p.86）で改めて説明します。

図3.9　照度を確認しながらの照明の作業

表3.2　展示照明の推奨照度（lx）

		ICOM（国際博物館会議）、1977	IES（照明学会、ロンドン）、1970	IES（照明学会、ニューヨーク）、1987	照明学会、1999
光に非常に敏感な資料	・染織品　・素描 ・衣装　・手写本 ・タペストリー　・切手 ・水彩画　・印刷物 ・日本画　・壁紙 ・染色した皮革品 ・自然史関係標本	50 lx できれば低いほうがよい （色温度約2,900 K）	50 lx	120,000 lx·h/y	50 lx 年間積算照度 120,000 lx·h/y 以下*
光に比較的敏感な資料	・油彩画　・角 ・テンペラ画　・象牙 ・フレスコ画　・木製品 ・皮革品　・漆器 ・骨	150 〜 180 lx （色温度約4,000 K）	150 lx	180,000 lx·h/y	150 lx 年間積算照度 360,000 lx·h/y 以下*
光に敏感ではない資料	・金属 ・ガラス ・陶磁器 ・宝石 ・エナメル ・ステンドグラス	特に制限なしただし300 lxを超えた照明を行う必要はほとんどない （色温度4,000 〜 6,500 K）		200 〜 500 lx	500 lx

*1日8時間、年間300日点灯で算出。
〔石﨑武志 編著：博物館資料保存論　第2版，p.39（2024）をもとに作成。および三浦定俊ほか，文化財保存環境学，p.64（2004）参照〕

　パステルで描かれた作品や水彩画は光に敏感なため、照度をできるだけ抑えます。しかしそれでは、鑑賞者にとって鑑賞しづらい照度になるおそれがあります。そのため、例えば鑑賞者の目が暗さに慣れる時間（暗順応）を考慮したり、壁紙の色を工夫し資料を明るく感じるようにします。また、油彩画、版画、陶磁器などの作品がいっしょに展示される場合には、展示の筋書きを保ちつつ、照度を抑える必要のある版画と抑えずに展示できる油彩画、陶磁器をどのように配置すると「見やすい空間」をつくることができるかを考えます。

　照明の具合は鑑賞者の心理面にも影響します。不安になったり、不快になったりしないか、鑑賞者の立場から照明を確認することも大切です。

C. 生物

　資料に適した環境は、多くの場合、資料に被害をもたらす虫（文化財害虫）にとっても快適な環境であり、大量発生のおそれがあります。またカビの胞子は空気中に飛んでおり、水分と栄養分が整うと育ちます。

　日本では虫・カビ対策として、1980年代には臭化メチルと酸化エチレンを混合したガスを使った大規模燻蒸が広く行われていました。しかし、国際条約により臭化メチルがオゾン層破壊物質に指定され2004年（平成16年）末に全廃されることが決まり、1990年代には世界で化学薬剤の人体や資料への影響の懸念が高まり、薬剤に依存した対策の見直しがはじまりました。こうして日本でも代替方法の開発と併せ、IPM（Integrated Pest Management：総合的有害生物管理）という考え方が導入されるようになりました。

　IPMは、もともと1960年代にはじまった農業分野における薬剤に依存しない病害虫対策で、その考え方を博物館・美術館の資料の生物被害対策に活かした方法です。博物館・美術館におけるIPMは整理整頓、清掃、観察といった日常管理、つまり被害を予防することに重点をおきます。また、被害が起きたときには薬剤のみといった単一の方法で解決するのではな

く、複数の方策を組み合わせて対応するものです[2]。

　博物館・美術館における IPM の実践ステップとして、以下の 5 段階が提唱されています。

① Avoid 　　　　　　（回避）：有害生物を誘うものを回避。掃除が基本。
② Block 　　　　　　（遮断）：有害生物の侵入ルートの遮断。
③ Detect 　　　　　　（発見）：早期発見が重要。記録は不可欠。
④ Respond 　　　　　（対処）：資料に安全な方法で処置。
⑤ Recover/ Treat（復帰）：安全な空間へ資料を戻す。

　例えば、展示に借用資料がある場合は、資料を展示室に入れる前に虫の生息がないか、カビが生えていないか状態を観察します。確認された場合には、貸主（所有者）に了解を得て処置し、ほかの資料のある場所への虫やカビの侵入を防ぎます。また資料が置かれている展示室や収蔵庫を観察するとともに、定期的にトラップ調査などを行い、早期発見に努めます（**図 3.10**）。さらに、館のつくりや立地環境を知ることも大切です。

　虫やカビから資料を守るために現在も燻蒸は行われていますが、長く使用されてきた酸化エチレンを含む燻蒸ガスの販売が、環境への配慮もあり、2025 年 3 月で終了することが 2024 年（令和 6 年）1 月に発表されました。燻蒸を行うことが今後さらに難しくなっていくことが考えられます。日常的に被害を未然に防ぐ意識をもつことがますます大切になっています。

図3.10　トラップ調査実施風景

D. 室内空気汚染

　資料を展示するとき「こんな高さで見せたいから台をつくろう」「作品が映えるようにこの色の布地や壁紙を使おう」と効果的に見せる方法を考えます。見せる効果は大切ですが、台の部材、布地、壁紙、そして接着剤などから有害なガスが放出され、資料を傷める可能性があります。例えば、内装材や接着剤に含まれる有機酸（酢酸、ギ酸）は日本画の顔料（鉛丹、鉛白）を変色させることが知られています [3]。特に、展示ケースのように狭い空間に資料を展示する場合は注意が必要です。

　対策としては、有害なガスを発生するおそれのある材料の使用を避けること、ガスを抜く時間を十分確保することが考えられます。事前に使用したい材料を試験して、有害なガスの発生があるかどうかを調べることも方法のひとつです（**図 3.22**（p.84）参照）。また、部材をシートで覆いガスが出ないようにする方策もあります（**図 3.11**）。ケース内にガス吸着剤を入れることも対処法としてとられています。こうした対策を施したうえで、定期的に資料の様子を観察し、変化がないことを確認します。

図3.11　室内空気汚染対策の一例
木材からのガス放出を抑えるために木面全体をマーベルシール®（アルミニウム蒸着ポリエチレンおよびバリアナイロンフィルム）で覆った木製展示台。

　さらに多くの鑑賞者を迎える展覧会では、展示室に鑑賞者が持ち込む粉塵などを溜めないよう、掃除の慣行が有効です。また、展示室に多くの鑑賞者が滞留すると、空気環境が悪化する場合があり、展示室内の換気に気をつけなければなりません。清潔な空気を保つことは、資料に対する環境管理であると同時に鑑賞者にとっても快適な環境をつくります。

E. 振動・衝撃

　資料に振動や衝撃が加わる危険度は、展示中よりも資料の輸送時や展示作業中に高まります。事故を防ぐため、輸送・展示作業を安全に行える道具、移動経路の整備、十分な作業人数の確保といったことを事前に確認します。

　作業者は服装、時計、装身具（ネックレス、指輪、ブレスレットなど）、靴、さらに爪や髪の長さなどの身なりに注意し、資料を安全に扱う準備をします。展示作業の際には、資料を移動するときに互いに声を掛け合う、作業現場では走らないなどの気遣いが事故を防ぎます。資料を扱うときには、扱う前に資料の状態の把握が大切です。例えば、持ち手がある器でも、安易に持ち手をつかんではいけません。持ち手と器の接続部分が弱っていることがあります。適切な準備と心構えは、資料の破損のみならず作業者の怪我も防ぎます。「資料の安全、人の安全」を考えた事前準備と時間に余裕をもった作業計画が肝要です。

F. 盗難などの人的破壊

　資料の盗難や故意に資料に危害を加える行為が、残念ながら起きています。日常の防犯対策、発生時の早期発見、早期対応の体制づくり、そして再発防止のための環境改善が求められます。展示の際には、資料の固定、ケースの施錠、鑑賞エリアと展示エリアの区別を明らかにする柵（結界）や侵入を知らせるブザーの設置を検討します（**図 3.12**）。現在、多くの展示室で監視カメラが設置されています。展示の際に設置した壁、照明器

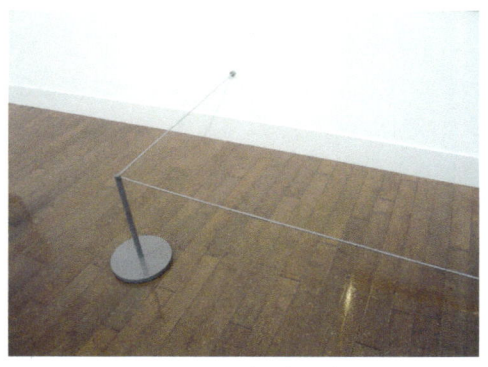

図3.12　柵（結界）

具、バナーがカメラの視界を妨げないように気をつけます。

G. 災害

1949 年（昭和 24 年）1 月 26 日法隆寺金堂にて火災が発生し、壁画が焼損しました。そのことがきっかけとなり、1950 年（昭和 25 年）に文化財保護法が制定され、1955 年（昭和 30 年）には 1 月 26 日が文化財防火デーとなりました。火災による被害は甚大です。まずは博物館・美術館で策定している防災計画を、関係部署と常に連携し確認することが大切です。具体的には、展示室に消火設備、消火器、誘導灯、避難経路図、緊急用道具箱などを備えます。また、災害が起きたときの初期消火の手順の確認や訓練、退避および退避解除の手順、展示数や展示状態を確認するための記録も行い、備えておきます。

1995 年（平成 7 年）には阪神・淡路大震災、2011 年（平成 23 年）には東日本大震災によって広域の博物館・美術館が被災しました。その後も、2016 年（平成 28 年）には熊本、2018 年（平成 30 年）には北海道、2024 年（令和 6 年）には石川で大きな地震がありました。各館での対策だけではなく、連携して情報を共有し、減災へのとりくみが求められます。

3.3.4 展示準備から終了までの展示環境の管理

A. 開催準備期間

展示環境の管理のために、まず展示室の環境を把握しておくことが大切です。展示室の温度・湿度の変化や生物被害の可能性については、季節によって異なるので、年間を通じた調査（計測）を行い、把握に努めます。

展示資料を決める段階で、出品予定品の展示条件を確認します。温度・湿度、照度については材質や状態によって条件が変わるので、条件に基づいた環境管理ができるように、展示ケース、展示台、調湿剤などの準備を計画に組み込みます。例えば、絵画の場合には、カバーガラスがある額に入っているのか、額に留具は付いているのか、それが利用できるのか、柵（結界）が必要なのか、重量はどれほどかを確認します。資料を展示室にどのように配置するかを計画する際には、鑑賞者の動きも考慮します。例えば、多くの鑑賞者が注目すると考えられる資料の周辺には十分な空間を

つくるようにし、また鑑賞者の動きが交錯しないような順路にします。鑑賞者が資料に触れ、万が一資料が破損した場合、当人とともにほかの鑑賞者が怪我をしたり、破損させたことにより心的外傷を負う可能性があります。鑑賞者が資料に容易に触れることのできない距離を保つことや適切に台や柵を設置することも大切です。

　借用資料がある場合は、展示条件とともに輸送についても所有者と確認します。輸送業者の選定、輸送箱の仕様、輸送路など輸送計画の確認、付保の確認、集荷・返却の予定を協議します。借用当日には、借用時に資料の状態を記入する調書、道具を準備します。

　展示の際には、展示前と展示後で資料の状態に変化がないかを記録します。特に資料が輸送される場合には、輸送時の振動や環境変化が資料に影響している可能性に注意します。

B. 開催期間

　展示環境の管理は日々の観察、変化の早期発見と早期対応が大切であり、職員、展示室スタッフ、ボランティアの協力が不可欠です。早期発見につながる方策をいっしょに工夫し、連携体制を築いていきます。

　鑑賞者にも協力をお願いします。多くの博物館・美術館の展示室の入口には、「作品に触れないでください」あるいは「作品保護のため照明を暗くしています」といった看板が設置されています。事故や傷みを防ぐために、鑑賞者にも協力してほしい事柄を伝えます。同時に「携帯電話の使用はご遠慮ください」や「大声での会話はお控えください」などよりよい鑑賞環境をつくるための配慮もお願いします。そして、鑑賞者から問い合わせがあった際には、理由を説明し、理解してもらう努力が大切です。

C. 開催終了

　展示が終了し、資料を撤収する際には、状態記録を参照しながら、破損や変化がないかをよく観察します。変化があった場合は、必要な記録をとり、状態に応じて専門家と相談します。一方で、その変化の原因が何かを検証し、改善策を講じます。露出展示の場合はほこりを除去するなど、資料に対し必要なメンテナンスを施し、資料をそれぞれの保存場所（収蔵庫、所有者）へ返却・収納します。

展示環境の管理は、鑑賞者の鑑賞環境に配慮しながら、資料の傷みをできるだけ防ぐために行われます。その内容は、扱う資料の種類や建物のつくり、職員数など組織体制によって異なります。館の現状を把握し、計画を立て、進めていくことが大切です。

〈引用文献〉

1)　石﨑武志 編著：博物館資料保存論　第2版，p.28，講談社（2024）

2)　木川りか，長屋菜津子，園田直子，日高真吾，Tom Strang：博物館・美術館・図書館等における IPM，「文化財保存修復学会誌」，**47**，87（2003）

3)　石﨑武志 編著：博物館資料保存論　第2版，p.52，講談社（2024）

〈参考文献〉

1)　三浦定俊，佐野千絵，木川りか，文化財保存環境学，朝倉書店（2004, 2016）

2)　石﨑武志 編著：博物館資料保存論　第2版，講談社（2024）

3)　東京国立博物館 編：東京国立博物館の臨床保存［改訂版］，東京国立博物館（2013）

4)　安藤亨，神宮司高久，今井正次：三重県総合博物館の建設における建築設計に関する研究　博物館整備に関する研究（2），日本建築学会東海支部研究報告集, 53（2015）

5)　渡抜由季：福岡市美術館における空調システムの改修と日常管理，文化財の虫菌害，**87**，11-14（2024）

　https://www.bunchuken.or.jp/wp-content/uploads/2024/07/87_4.pdf

3.4 照明

眼で鑑賞するためには光が不可欠です。そして展示物の見え方は光の内容によって異なります。博物館では展示物への影響から照明に制限がありますが、そのようななかで効果的に見せるために照明として何を検討するべきか考えていきます。

3.4.1 光と物の見え方—色・質感・陰影

光があたることによって物を見ることができますが、ただ明るくするだけでは物のすべてを見ることはできません。例えば、昼の光のなかで見るリンゴと、ろうそくのあかりの下で見るリンゴの見え方を想像してもらえばわかるように、明るさによっても、その光の成分によっても、物の見え方は変わります。ほかに、光があたる方向や光源体の大きさによっても物の見え方は変化します。では、私たちは物の何を見ているのでしょうか。私たちは実際には、物体そのものが見えているわけではなく、光があてられることによって現れる、物体の色、質感、陰影など、物の形状や表面状態を見て、その物体を類推しているに過ぎません。つまり、それら物と光のマッチングこそが物をより正しく認識するために重要なのです。

A. 色

例えばリンゴが赤く見えるのはなぜなのでしょう。それは光がリンゴの表面にあたり、そこから反射された光の成分特性により赤く知覚しているためです。そのなかでも物体の色の特性を表しているのが、分光反射率特性です。リンゴの分光反射率特性は、波長の短い青や緑の光を吸収し、オレンジや赤の光を反射する傾向にあります。ですので、リンゴは赤く見えるわけです。そして、想像してもらえばわかるように、光の成分のなかで赤が多いとリンゴはより赤く熟して見え、青が多いと赤が抑えられてまだ熟していないように見えます。このような光の特性は分光分布によって確認できます。このように、物の色の特性と光の特性をマッチングさせるこ

とにより、より効果的な見えをつくりだすことができます。

B. 質感

　では、リンゴは光の色の成分に気をつけるだけで効果的に見えるのでしょうか。みずみずしいリンゴなのか、ちょっと日の経ったリンゴなのか。これらは色だけでは表現できません。そこで考えるのが、物体色以外の光沢、凹凸、透過といった表面特性です。これらは、視覚によって物の質感を認識するために重要な要素です。例えばリンゴのみずみずしさには光沢が必要です。光沢は、光の反射によって表れる物の表面の輝きやツヤで、物の表面の反射や拡散の具合で光沢感を認識します。それ以外に、凹凸は光の陰影で、透過は光の陰影とハイライトの出来具合で類推します。またこれらの類推は、実際のリンゴだけではなく、リンゴの画像だけでも同様に行います。つまり質感は、実際の物がなくても、光や色の状態だけで感じとることができるのです。それは別の見方からすると、同じものでも照明によって表れる表面の状態で、違う素材に感じる場合があるということです（**図 3.13**）。素材と照明のマッチングはこのようにとても重要な問題といえます。

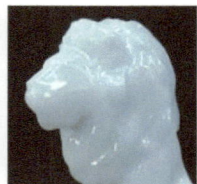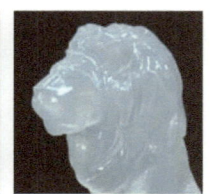

　図 3.13　質感〔写真提供：東京大学大学院総合文化研究科　本吉勇博士〕

C. 陰影

　表面の凹凸による陰影は、質感だけではなく、立体感や空間認識などの知覚や情感などにも大きく影響します。特に情感は、彫物などの彫刻作品で顕著に表れます。**図 3.14** は同じ能面を異なる角度から照明した場合の表情の変化です。手前斜め上からの照明は程よい見えになりますが、ほかの場合はどうでしょうか。このように光の方向による陰影だけでも大きく異なった印象を受けます。

 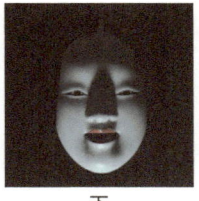  

斜め上　　　　　　　　下　　　　　　　　　上　　　　　　　　右

図3.14　異なる角度からの照明効果

復習　分光反射率特性

　分光反射率特性とは、光の分光分布と同様に、分光測色計によって波長ごとに反射される光の量を測定し、グラフ化して表したものです（光の分光分布については、参考文献1）の2.2節を参照のこと）。それにより、その物体の色の見えの傾向を知ることができます。ただし、私たちが実際に目にするのは、物の分光反射率特性に、それを照らしている光の分光分布を掛け合わせたものになります（**図**）。

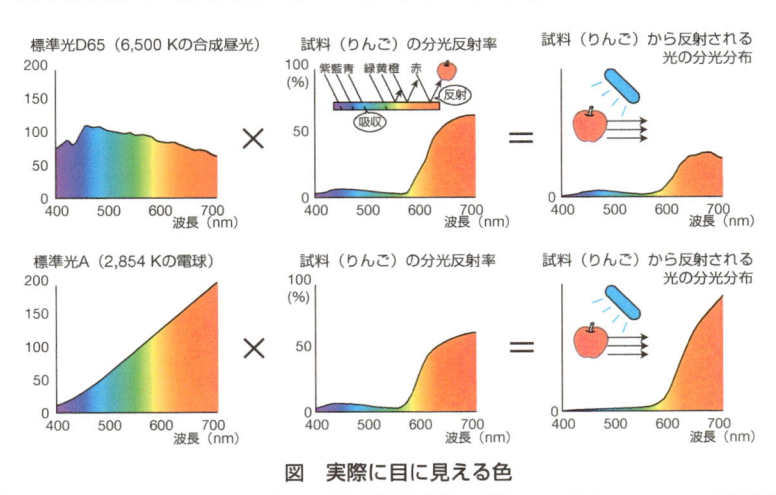

図　実際に目に見える色

3.4.2 展示手法と照明器具

博物館では、いろいろな展示物がいろいろな方法で展示されています。展示手法は、大きく2つに分類することができます。西洋絵画や彫刻など展示物を展示室内に露出させて展示するオープン展示方式と、日本美術などの脆弱な展示物を展示ケースの中に入れて展示するケース展示方式です。これら展示手法によって、使用する照明機器や照明手法が

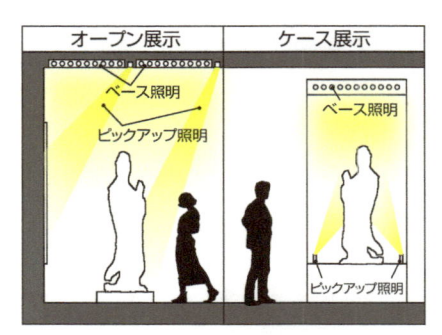

図3.15　展示手法と照明手法

異なりますが、手法自体は、空間全体を照らすベース照明と展示物を中心に照らすピックアップ照明に分けられます。この二つの照明を単独で使用したり、組み合わせて照明します（**図3.15**）。

A. オープン展示照明

美術館のように絵画作品の壁面展示や彫刻作品の床展示が中心の場合は、照明は天井から行います。ベース照明には、ダウンライト照明と、大空間では光天井照明や間接照明などの建築化照明がよく使用されます。また、日本ではウォールウォッシャ照明が多く見られます。ウォールウォッシャ照明は壁面全体を均斉度よく照らすことに特化した照明で、壁面用のベース照明といえます。ピックアップ照明にはスポットライト照明が使用されます。スポットライトは天井に施設されたライティングダクトに設置します。これらオープン展示照明は、映り込みやグレアなど鑑賞を阻害する光にならないように、展示物との位置関係に注意する必要があります。

B. ケース展示照明

ケース展示では、日本美術に代表されるように温度、湿度、空気環境、虫害、光など展示環境の制限が厳しいものや、破壊や盗難の危険性が高いものを展示します。ケースの形状は、展示物の種類や大きさ、展示デザインによりいろいろですが、大きく分けると壁面ケース、アイランド展示ケース、覗きケースの3種類になります。それぞれの展示ケースに特徴的なベース照明

とピックアップ照明があり、特に壁面ケースでは、そこに展示されるいろいろな展示物に対応できるフレキシブルな照明が求められます。

基本用語　グレアと映り込み

グレアとは不快なまぶしさのことで、照明器具からの直接グレアと、反射率の高い物体からの光の反射が目に入ることによって生じる反射グレアがあります。これらは、眼の知覚自体にも大きな影響を与えます。特に老視に多い白内障では、視界が霞がかる光幕化現象を引き起こすので注意が必要です。博物館では展示ケースや額などのガラス面が多く、それらに光が映り込むことで鑑賞が阻害されることが多くあります。照明器具とガラス面の位置関係は特に注意が必要で、それらの適正な位置関係を**図**に示します。

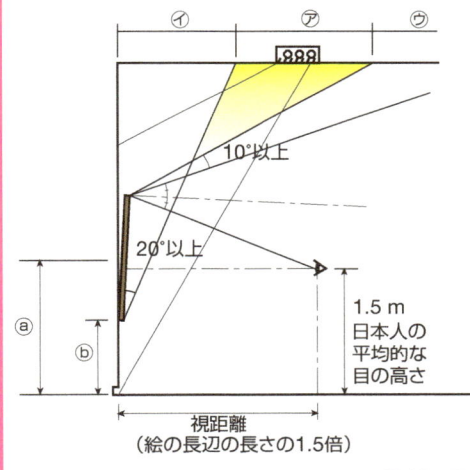

⑦最適な照明設置位置
①額の影が作品に影響する照明設置位置
⑦額に照明が映り込む照明設置位置
ⓐ展示作品の中心高さ。作品高さ1.4 m 以下の絵画の中心は床上1.6 m
ⓑ展示作品の下限高さ。作品高さ1.4 m 以上の絵画の展示下限は床上 0.9 m

図　照明と資料の設置位置

基本用語　照度均斉度

照度均斉度は、ある範囲内における最小照度と最大照度の比で表されます。例えば、その範囲の最小照度が300lx、最大照度が500lx の場合、照度均斉度は0.6 となります。作品内に明るいところと暗いところがあると、作品の見え方だけでなく、光による作品の損傷程度にも影響がありますので、同一作品内では均斉度0.75 以上が望ましいとされます。また展示壁面では、ベース照明やウォールウォッシャ照明により、壁面中央での鉛直面方向の均斉度は0.7以上が望ましいとされます。

実例　汐留ミュージアムの壁面照明

汐留ミュージアムでは、オープン展示の壁面に対して、LED ウォー

ルウォッシャ照明を使用しています（**図1**）。光色が可変の LED を3列用い、それらを組み合わせることで、均斉度の高い光だけではなく、いろいろな光のパターンをつくりだして展示壁面を効果的に演出しています（**図2**）。

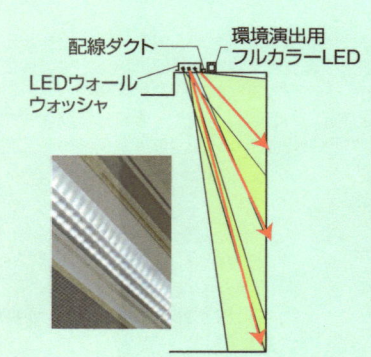

配線ダクト
環境演出用
フルカラーLED
LEDウォール
ウォッシャ

図1　LED ウォールウォッシャ照明

5,000 K　3,000 K
光の重心を下方に　混光調色

図2　LED ウォールウォッシャ照明による
　　　光のパターン

実 例　山種美術館の壁面ケース照明

　山種美術館の壁面ケースは、ベース照明に蛍光灯ウォールウォッシャ、下部の補助照明に LED 下部照明を設置し、ピックアップ照明として、上部にスポットライトを2段にとりつけられるようになっています（**図**）。2段にした理由は、金屏風など日本美術に特徴的な反射が多い展示物に対して、異なる角度から光をあてて反射効果を出すためです。また、この展示ケース照明は、鑑賞者からは光源がまったく見えないように設計しています。これにより、鑑賞者は不快なグレアに悩まされることなく、落ち着いて鑑賞することが可能になっています。

ウォールウォッシャ
スポットライト
照明器具が見えない
上方を調整し高い均斉度
下部ウォール
ウォッシャ

図　壁面ケース（山種美術館）

3.4.3 展示計画と光の計画

　博物館では、恒久的な常設展示ではない限り、展示内容が変わるたびに照明も調整します。特に企画展示では毎回すべての照明を最初からやり直す必要があり、かつ展示替えの最後の限られた時間のなかで照明を調整しなければなりません。行き当たりばったりに照明をすると、途中で照明器具が足りなくなり、ほかの器具に代替するなどして照明がごちゃごちゃになってしまいます。ですので、そのようなことが起こらないように事前に光の計画をする必要があります。特に光を効果的に使い、よりわかりやすい展示空間をつくりだすためには、展示プロセスに併せて光の計画を行います（**図 3.16**）。

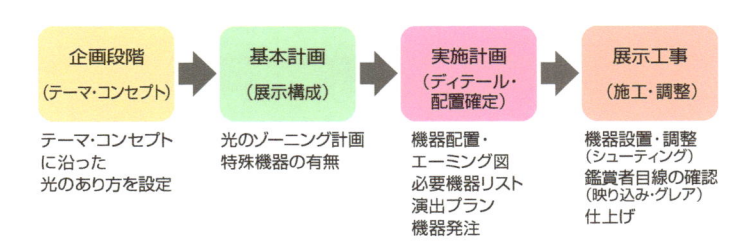

図 3.16　展示プロセスと光の計画のながれ

A. 基本計画—光のコンセプトとゾーニング計画

　展示計画の初期段階では、まずは光のコンセプトを決めます。例えば、和を感じさせる光であるとか、1日の移ろいを表す光など、光の計画におけるベースとなる部分です。続いて、大まかな展示構成が決まると、空間に合わせて全体的な光のゾーニング計画を行います。ゾーニング計画では、それぞれの空間の照明方法と光色、明るさレベル、光の重心などを鑑賞者の動線を考えて大まかに設定します（**図 3.17**）。そのときに考慮しておきたいのが、順応など鑑賞者の心理的、生理的な部分です。

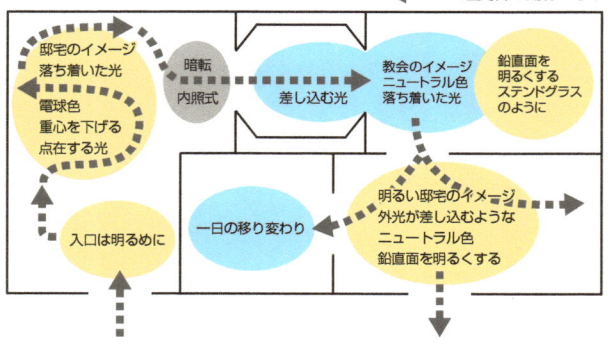

図3.17　光のコンセプトとゾーニング計画

復習　眼の順応

　眼の順応とは、光に対して網膜上の視細胞がその感度を調整することをいい、光の明暗によって起こる明順応と暗順応があります。一般的に、暗い場所から明るい場所へ移るときの明順応は短時間で行われるのに対して、明るい場所から暗い場所へ移るときの暗順応には時間がかかるといわれます。暗順応は視細胞の種類の違いにより2段階に分かれ、最初の5〜10分程度で第1段階の順応がはじまり、その後30分ぐらいをかけて徐々に順応します（**図**）。特に博物館は暗い空間なので、ストレスなくスムーズに鑑賞してもらうためには、外の明るい空間からの暗順応時間を考慮して展示計画、動線計画を行う必要があります。眼の順応には、明順応・暗順応のほかに、光の色味によって起こる色順応があります。

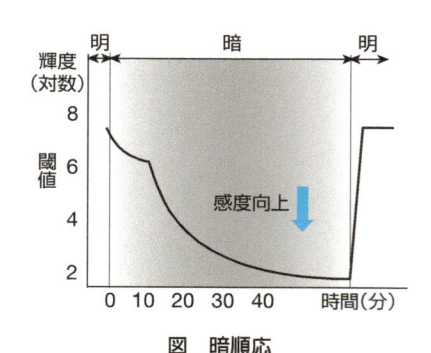

図　暗順応

閾値とは、観察者が視標を認めることができるぎりぎりの明るさのこと。

B. 実施計画—照明の配置と機器拾い出し

　全体の作品の配置や解説パネル、タイトルなどが大まかに決まった段階で、大まかな照明の配置計画を行います。配置計画では、使用する照明機器と展覧会で必要な台数を決め、照明が足りているかどうかのチェックも併せて行います。そのときに、展示資料・作品、タイトル、詳細な解説、そのほかグラフィックごとに照度、光色、配光などの光の性格を分けておくことで、より明確でわかりやすい展示環境を整えることができます（**図 3.18**）。

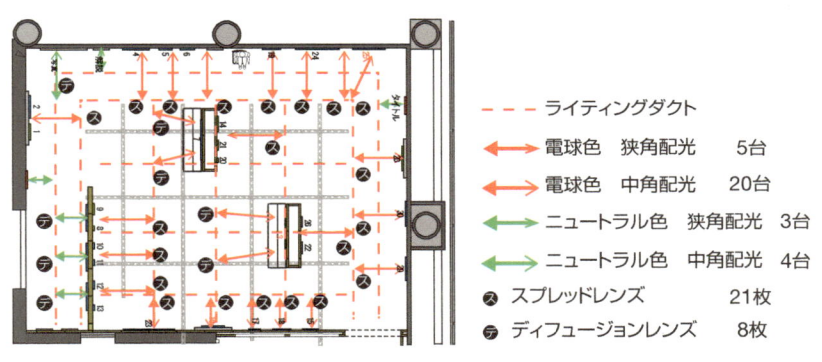

図3.18　照明の配置と機器の拾い出し

3.4.4　ライティングの実際

　日本の博物館の多くでは、ライティング（照明作業）は学芸員が担っています。館によって、学芸員自身が器具のとりつけやシューティングまで行っていたり、展示業者や美術運搬会社がとりつけて指示を出すだけだったりと、そのやり方に違いはありますが、資料に対する光のあり方や照度設定などは学芸員が決めなければなりません。

A. シューティング

　展示資料などに実際に光をあて、調整する行為をシューティングといいます。時間制限のあるなか、効率的なシューティングを行うためには、まず事前の光の計画に基づき、器具を分配して順次とりつけていきます。このときは大まかに光をあて、全体の光環境が計画どおりになっているかを

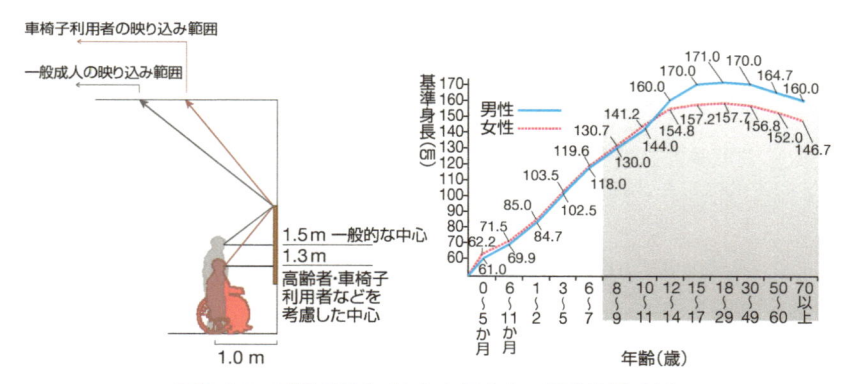

図3.19　展示の高さ（左）と日本人の基準身長（右）

確認します。続いて、照度管理を行いつつ光を調整していきます。ひとまずはこれで完成ですが、最後に鑑賞者の目線で実際に鑑賞して、気になるところを微調整して仕上げます。このときに考慮しておきたいのが、鑑賞者の目線の高さです。基本的に目線位置が低いほうが、ガラスや額への照明の映り込みや反射グレアを受けやすくなります。そのため、背が高い人は、目線を敢えて低くしたり、車椅子に座ってチェックするとよいでしょう（**図3.19**）。

B. 光を整えること

　シューティングは個々の展示物に重点を置いて行いますが、それぞれにこだわりすぎると、展覧会場全体の雰囲気がチグハグになって、最終的に快適な展示環境にならない場合があります。その場合、周囲の展示物とのバランスを取りつつ、光の質を調整します。調整は壁面やゾーン単位ですると整えやすくなります。特に壁面では、作品周囲の壁面の光のエッジの高さや、光色などの光の質をそろえることで空間は格段に落ち着きます。

C. 光のチェック

　光のチェックでいちばん大切なのは資料の照度管理ですが、展示コンセプトから資料の見え方まで、一貫してチェックして魅力的で快適な展示環境をつくりだすことも大切です。最後に展示照明を実際に行うにあたって最低限チェックしておきたいポイントを**表3.3**にまとめるので、実際の照明のときに活用してください。

表3.3　ライティングのチェックポイント

計画段階のチェックポイント	シューティング段階のチェックポイント
◯ ライティングコンセプトは？	◯ 数値は？(作品照度・空間輝度)
◯ 展示物の何を大切にしますか？	◯ 文字の視認性は？(サイン・詳細な解説・キャプション)
◯ 展示物の何をひきたてますか？	◯ 手元・足元は？(必要照度・安心のための光)
◯ 光色は？(ベース・ピックアップ)	◯ ノイズは？(不要な影・映り込み・鑑賞時の影)
◯ 配光は？(ベース・ピックアップ)	◯ グレアは？(器具・反射・動線)
◯ 光源は？(ベース・ピックアップ)	◯ バランスは？(光色・明るさ・中心・高さ・背景)
◯ 機器は？(ベース・ピックアップ)	◯ 光の並びは？(同一壁面でのバランス・整理)
◯ 機器オプションは？(ベース・ピックアップ)	◯ 全体では？(展覧会全体での流れ・抑揚)

〈参考文献〉

1)　石﨑武志 編著：博物館資料保存論　第2版，pp.34 - 49，講談社（2024）

3.5 展示ケース

博物館は貴重な資料を適切に「保存・管理」し、後世に伝えていかなければなりません。同時に、こうした資料を市民共有の遺産として「展示・公開」により活用して文化振興に役立てていく役割も担っています。しかし、この「保存・管理」と「展示・公開」は相反する関係にあります。資料の保存を図りながら「展示・公開」していくための什器に展示ケースがあります。展示ケースには、資料に適した保存環境を維持しつつ、資料の魅力や価値を来館者に的確に伝える機能が求められます。

3.5.1 展示ケースの役割

資料のなかには環境の変化に対して脆弱なものがあり、温湿度の急変、光・熱、虫黴菌害、汚染空気の影響により劣化が生じやすいため、展示・公開に際しては、これらが資料に悪影響を与えないよう対策を講じることが必要です。また、文化的価値の高い資料であればあるほど、盗難や災害への対策も必要とされます。

それと同時に、美術的価値の高い資料はその造形や色彩を来館者に余すところなく伝え、歴史的価値の高い資料はそこに刻まれた数々の事象をしっかりと視認できなくてはなりません。資料を「守ること」と「見せること」の両立を図ることが展示ケースの役割であるといえます。

3.5.2 展示ケースの種類

A. 壁面ケース、覗きケース、ハイケース

では、展示ケースにはどのような種類があるのかタイプ別に見てみましょう（**図 3.20**）。

壁面ケースはケース内の壁を用いて、絵画や掛け軸など高さのある資料を展示でき、ケース内の床に資料の大きさに合わせたステージを設けて彫

壁面ケース【固定型】

覗きケース【可動型】

ハイケース【可動型】

図3.20　展示ケースの種類

像などの立体物の展示を行うことができます。覗きケースは文書などの平面的な資料を間近で鑑賞することができます。ハイケースは立体物の展示に適しています。

　展示ケースは常設展示で多く用いられる「固定型」のものと、企画展示などで多く用いられ、設置場所を任意に変更できる「可動型」のものがあります。展示する資料の形状や特性、博物館の展示方針などに基づき、使用しやすいタイプを選定します。

B. 自然循環式ケースと密閉式（エアタイト）ケース

　資料の保存環境の維持に着目すると、展示ケースは自然循環式ケースと密閉式（エアタイト）ケースに大別することができます（**図3.21**）。

　自然循環式ケースは、展示室内の調温・調湿された空気を展示ケース内

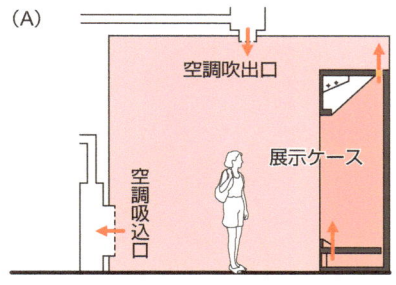

調湿された空気をケース内にとり入れる。

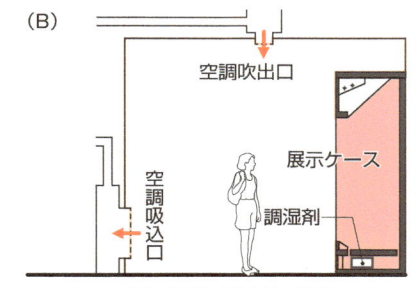

ケース内を密閉し調湿剤の使用により湿度を管理する。

　調湿された空気
→　空気の流れ

図3.21　自然循環式ケース（A）と密閉式（エアタイト）ケース（B）

に取り入れ、微量に入れ替えて、ケース内の温湿度を維持する方式です。展示室の機械空調に頼る方式であることから、外気温や日射等が展示室内に影響を与えないような建築的配慮が必要とされ、機械空調のランニングコストが過剰にならないよう設備面の配慮も必要とされます。これに対して密閉式ケースは、展示室内とケース内の環境を隔てて、ケース内で調湿剤等を用いることで、資料の特性に応じた保存に適した湿度管理を行う方式です。密閉式ケースは資料の特性に適した湿度環境を整えやすく、近年、多くの博物館で使用される方式となっています。

3.5.3 展示ケース内の空気の質

　展示ケース内の空気の質は資料に悪影響を与えないよう、有機酸やアンモニアなど有害物質の放散量が少ないことが求められます。そのため、ケース内で使う合板やクロスは有害物質の放散量を抑えた建材を選定しなければなりません。しかし、どのような建材も、微量ながら有機酸やアンモニアが放散され、ケース内の空気を汚染し資料に悪影響を与える可能性があります。特に密閉式ケースを用いる場合は注意を要します。事前にケースに使用する建材からの有害ガス放散量を確認して適切な建材を選択するとともに、ケース完成後から資料を搬入するまでの間に、適切な枯らし期間を設ける必要があります。

　有機酸やアンモニアの放散量が簡易に測定できるパッシブインジケーターが市販されており、展示ケース内の環境において有害物質の放散量がどのくらいかという目安を簡易に確認することができます（**図3.22**）。

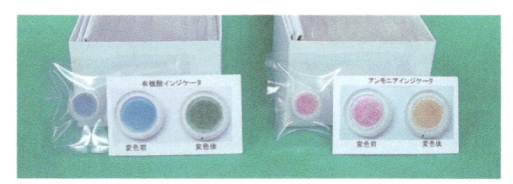

図3.22　パッシブインジケーター
測定時はクリップで挟んで立て、空気に触れやすくする（右）
〔製造開発：株式会社内外テクノス、総販売元：太平洋マテリアル株式会社、
写真提供：金剛株式会社〕

3.5.4 展示ケースの有害ガス対応

　密閉式ケースの気密性能が向上し安定した調湿効果が得られるように
なった反面、長期間密閉してケースを使用することにより、3.3.3 項 D
（p.66）でも述べているように、ケース内の建材から発生する微量な有機酸
やアンモニアなど有害なガスが蓄積して、資料に悪影響を及ぼす濃度とな
ることも指摘されています。

　企画展示など定期的に資料の入れ替えのあるケースでは、展示替えの際
にケースの扉を開放して換気を遂行することで濃度の低減が可能ですが、
常設展示など継続的に密閉して使用するケースでは特に注意が必要です。

　万が一、展示ケース内の有害ガスの濃度が基準値よりも高く、文化財資
料に悪影響が生じる場合は、換気に加えて、ケース内に専用のガス吸着
シートを敷くことや、ケース内の空気を強制的に循環させて有害ガスを除
去する機器を用いて濃度を低減する方法などがあります（**図 3.23**）。展示
ケース内の空気の質については前述のとおり、日頃から測定を行い、資料
への影響の有無を確認しておくことが必要です（**表 3.4**）。

　近年は展示ケース内の環境を短時間で整えられるように、換気や調湿
ファンを設けた展示ケースや、有害ガスを吸着する機器をケース本体に組
み込んだ製品開発も進められています。資料をより安全に展示するための
技術的発展が期待されます。

(A)

有害ガス吸着シート

(B)

有害ガス吸着ファン

図3.23　有害ガスを吸着する機器

〔資料協力：株式会社クマヒラ〕

表3.4　空気質ののぞましい値

汚染物質	推奨値
アンモニア	30 ppb（22 μg/㎥）以下
酢酸	170 ppb（430 μg/㎥）以下
ギ酸	10 ppb（19 μg/㎥）以下
ホルムアルデヒド	80 ppb（100 μg/㎥）以下
アセトアルデヒド	30 ppb（48 μg/㎥）以下

※濃度を示す1ppbは10億分の1のいくらかを示す単位。極めて微量だが文化財資料に影響を及ぼす可能性がある。〔東京文化財研究所、美術館・博物館のための空気清浄化の手引き（平成31年3月）より〕

3.5.5　展示ケースの照明

　ケース照明で配慮すべき点は、光（紫外線、赤外線、可視光線）による資料の劣化です。紫外線は資料を退色させ、赤外線は局部的な温度上昇を生じさせます。可視光線も曝露時間によっては退色などの悪影響を与えるため、鑑賞に支障のないよう配慮しながら、資料の特性に応じた照射照度と曝露時間で展示を行う必要があります。よって、展示ケースには紫外線吸収膜付きランプや熱線カットフィルタ付きの照明器具を用いるとともに、資料に応じた照度調整が行えるよう調光型の器具を用いなければなりません。

　近年はLEDを利用した照明器具が展示ケースに使用されています。蛍光灯や白熱電球など従来の光源よりも近紫外線域、近赤外線域の波長成分を抑えることができます。LEDは保存の観点から資料の照射用の光源として望ましいだけではなく、電力消費量も低減できることから、現在はLEDを利用した照明器具がケース照明の主流になっています。

　さらに、展示資料の魅力を引き出すためには、照明の色温度にも配慮しなくてはなりません。色温度とは、電球色や白色などの呼称で呼ばれているもので、単位はK（ケルビン）で表示されます。電球色が2700 K、白色が3500 K程度で、数値が小さいほど温かみのある光となり、数値が大きいほど日中の太陽光に近いものとなります。展示資料に応じた色温度を設定できることが望ましく、例えば、白磁の展示では高い色温度に、浮世絵

の展示では低い色温度に設定すると、資料の特性や展示意図に応じた演出効果を得やすくなります。LED を光源とした照明器具では展示資料の特性に応じて色温度の調色が行える製品も多く開発されています。

3.5.6 展示ケースの資料列品とメンテナンス作業

　展示ケースの機能として、展示資料の列品や搬出が行いやすいことや、ケース内の保存環境を維持したまま照明器具などのメンテナンスが行えることも重要です。使い勝手の悪い展示ケースは、不慮の事故などによる資料の汚損や破損のリスクを伴います。

　従来の展示ケースでは気密性を維持するために、ケース側面壁にある扉からケース内に出入りするタイプが多く、出入口から遠い場所に展示してある資料を展示替えする場合には、資料をもったまま狭いケース内を移動しなければならないなどの使いづらさがありました。近年、ガラス面開閉部の気密性を維持する技術が向上し、前面ガラスをサッシレスで開閉できる前面フラット扉付きのケースが多く用いられています。ケース前面から資料の搬出入が可能で、最短移動距離で列品作業が行えることから、不慮

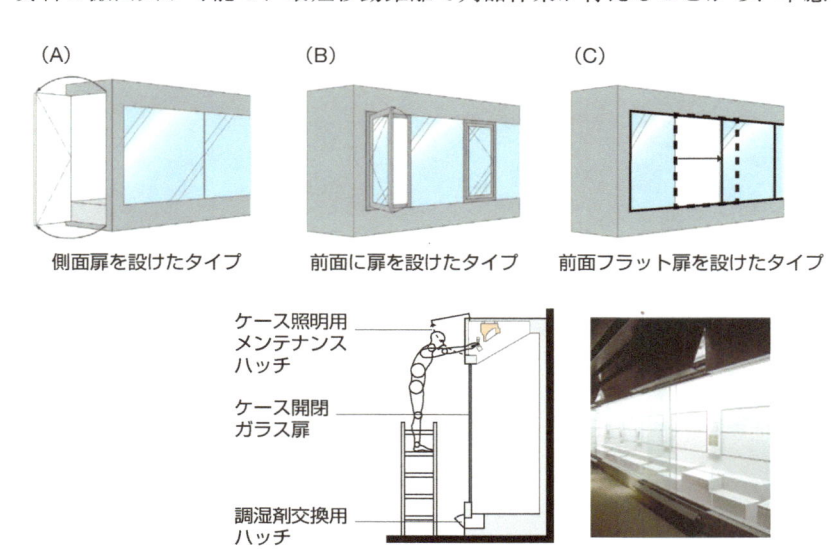

(A) 側面扉を設けたタイプ

(B) 前面に扉を設けたタイプ

(C) 前面フラット扉を設けたタイプ

ケース照明用メンテナンスハッチ

ケース開閉ガラス扉

調湿剤交換用ハッチ

図3.24　展示ケースのメンテナンス

の事故のリスクを低減できます。

　ケースのメンテナンスは資料が設置されたケース内に影響が生じないよう、ケースの外から照明器具の調整や調湿剤の交換が行える専用のメンテナンスハッチを設けることが必要です（**図3.24**）。

3.5.7 展示ケースの地震対策

　近年は地震災害が多く、展示ケースにその対策を求められることがあります。ハイケースなどの単体ケースでは免震装置をケース底部に組み込む事例もあります。こうした対応が困難な形状の展示ケースや既存ケースの場合、ケース内の展示台に免震機構を設ける方法も多く採用されています（**図3.25**）。

　いずれの場合も免震機構を設けた展示ケースや展示台の周囲には障害物がないようにし、地震発生時の振幅で生じる変位幅のスペースを適切に設けなくてはなりません。しかしそのために、資料と来館者が離れてしまうことから、資料の視認性に配慮した展示計画を行う必要があります。

 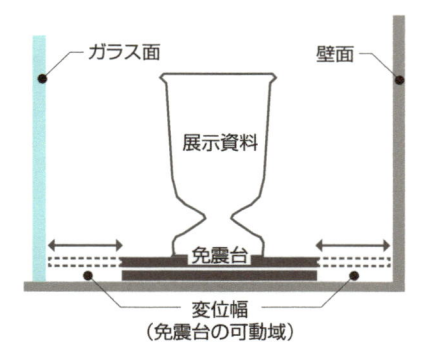

図3.25　展示台の免震機構
〔協力：株式会社イトーキ〕

3.5.8 展示ケースのデザイン・意匠性

　前述のように、展示ケースには資料の魅力や価値を来館者に的確に伝える機能が求められます。そのためには資料の視認性を妨げる要素は極力排除しなくてはなりません。例えば、ケースのガラスサッシ枠をフレームレスにして資料の視認性を高める、ガラスは透過率の高いものを採用して資料本来の色調を見せる、低反射ガラスを用いて展示ケース周囲の映り込みを減らし、来館者が展示資料に集中できる環境を整えることが重要です。

　展示ケースの外装仕上げや意匠については、展示室全体の内装デザインや展示ストーリーに合わせたものにすることが必要です。実際の製作では展示内装の設計者と十分に協議し、展示ケースの意匠を展示空間の一部としてとらえて計画することが必要でしょう。

3.6 展示グラフィック

　博物館とは、知らなかったことを知ることができる施設です。そして新しいことを知るのはとても楽しく感動することです。しかし本来、楽しい場所であるはずの博物館には地味でつまらない場所というイメージが根強く残っているようです。その原因のひとつとして情報の伝え方があげられ、来館者が「わかりにくい」「難しい」「つまらない」と思う結果になっている場合が少なくありません。展示グラフィックの質を上げ、情報を上手に伝えることにより、博物館はもっと楽しい施設になるはずです。展示グラフィックとは説明文や図版などの情報を視覚的なデザインによって、わかりやすく、かつ興味深く伝えるためのものであり、解説パネルや体験型展示における操作説明、空間演出のための壁画など、視覚的に情報を伝えるすべてのものをさします。展示グラフィックは、いかにわかりやすく、楽しく情報を伝えることができるかが重要です。難しい内容もわかりやすく、読みやすく伝え、そして楽しいという感情を来館者に喚起させて、情報を的確に伝えるのが展示グラフィックの役割です。

3.6.1 展示グラフィックの特徴

　展示グラフィックの特徴は「歩きながら、立って見るもの」であるという点です。

　チラシや紙のデザインは手にとって、座ってゆっくりと自分のペースで見ることができますが、展示グラフィックは体に負荷をかける環境で情報を伝えなければなりません。展示物を見るよりも展示グラフィックを見る時間のほうが長い場合もあります。

　ですから展示グラフィックが読みにくい、読んでも意味がよくわからない、文章が長すぎるなどの場合には来館者の肉体的、精神的負荷を倍増させてしまいます。いかに負荷のかからないデザインにするかを考えなければなりません。

さらに、博物館の展示グラフィックは長い期間展示されるということもほかのデザインと違う部分です。場合によっては何十年も展示され、多くの人の目に触れるものです。そのため非常に高いクオリティーが求められます。少しでも手を抜けば、手を抜いたままのデザインが長年残り、多くの人たちに影響を及ぼし続けるのです。展示グラフィックを作成する者はこの大きな責任を認識する必要があります。

3.6.2　展示グラフィックが表現する「世界観」

　展示グラフィックはインテリアや照明と同じように、展示空間の「世界観」を演出する要素のひとつです。ただし空間は受動的に体全体で感じるものですが、展示グラフィックは能動的に目と脳を使って読むものです。伝統的で重厚なイメージなのか、カジュアルで明るく楽しいイメージなのか、高級でおしゃれなイメージなのか、展示テーマの「世界観」を表現することがポイントです。「世界観」を的確に表現するためには、デザイナーと展示の趣旨やテーマに関して詳細な打ち合わせをする必要があります。イメージの方向性をデザイナーと共有したうえで「世界観」のビジュアル化を考えてもらいます。

3.6.3　解説パネルの種類

　解説パネルとは、抽象的な理論や具体的な展示物の解説、説明などを文章や図版によって伝えるものです。地図や長い年表のような大きなものから、物の名称を1行だけで表示する小さなキャプションまで、用途によって大きさ、形、素材がさまざまです（**図 3.26**）。

A. コーナーサイン

　コーナーの最初に設置され、扉の役割を果たす大型のサインです。そのコーナーに関するイメージイラストなどのビジュアルを伴うと、コーナーごとの個性を印象づけることができます。コーナーごとに異なるテーマカラーを設定すると、来館者に展示構成の区切りを認識させる役割をもたせることもできます。

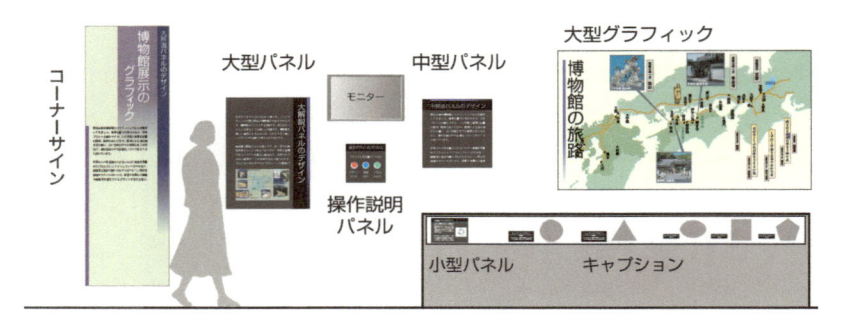

図3.26　パネルの構成デザイン

B. 大型、中型、小型パネル

　展示の内容を解説するためのパネルです。地図や図版が必要な場合は大型、文字だけの解説は中型、キャプションだけでは説明できないものを補足する場合は小型など、用途と情報量に合わせて柔軟に大きさを使い分けます。

C. キャプション

　展示物の説明用のラベルで、ネームと呼ばれることもあります。非常に小さなものから図を伴った大きなものまでさまざまです。

D. 操作説明パネル

　来館者が自分で展示解説用機器を操作する場合に、操作方法を解説するためのパネルです。簡潔な言葉で誰にでもわかることが必要です。

E. 大型グラフィック

　展示テーマをイメージさせる壁面イラストなど壁面装飾に近いグラフィックや、大型の年表や概念図などを解説するパネルです。

3.6.4　展示グラフィックの制作の進行管理

　展示グラフィックの制作をスムーズに進行させるために必要なものとして「グラフィック管理表」があげられます（**図3.27**）。展示グラフィックのパネルの数量や種類は数百点に及ぶこともあります。それら一枚一枚の原稿の入手時期やサイズ、仕様の確認、スケジュールの確認をしていくためにこの管理表はなくてはなりません。この管理表は、原稿を作成する執筆者とグラフィックデザイナーと施工管理者が共通に所持し、進行を管理

していきます。リストは表計算ソフトなどで作成し、こまめに更新されるので、必ずファイル名に日付を入れ、更新したら全員同じものを共有します。項目内容は展示規模や内容によって違ってきますが、主に下図のようなものです。

大項目	中項目	小項目	パネル番号	タイトル	サイズ	設置場所	情報の種類	原稿入手	備考
プロローグ	北極の環境	テーマ	A-1	北極圏について	1200×2500	1F-a	テキスト 地図	3/10	
	ホッキョクグマ	基本情報	A-2	ホッキョクグマ	1200×1200	1F-b	テキスト 写真	未入手	原稿書き直し中
		見どころ	A-3	体型と能力	900×1200	1F-c	テキスト イラスト	4/3	
⋮	⋮	⋮	⋮	⋮	⋮	⋮	⋮	⋮	⋮

図3.27 グラフィック管理表

3.6.5 デザインフォーマット

解説パネルのデザインで最初に行うことはデザインフォーマットの作成です。ここで留意するのは「統一感」です。展示の最初から最後までさまざまな種類のパネルがありますが、同じイメージで統一されていることが重要です。展示の「世界観」がぶれないよう、軸を定めてデザインフォーマットを作成します。情報はフォーマットに従いレイアウトし、デザインしていきます。

具体的にデザインフォーマットで決定していく要素は書体、文字組、タイトル周りの共通のデザイン、色彩などです。

3.6.6 展示グラフィックの制作方法

パソコンを使用してデータを作成し、大型インクジェットで出力する方法が一般的です。データ作成はAdobe社のIllustratorとPhotoshopというソフトが多く使用されています。出力したプリントをどのように掲示するかは展示空間によって違ってきます。

壁面や立体物へ直接単色の印刷をする場合には、シルクスクリーン印刷が用いられます。ガラス面や壁面への単色の文字は、カッティングシートと呼ばれる粘着シールを貼ります。

　展示グラフィックは身体に負荷がかかる環境で読んでもらうため、「読みやすさ」は非常に重要です。読みやすい文字組の美的な感覚、構成力をつけるには訓練が必要で、パソコンで文字を打って流しただけの文字組は、そのままでは使えません。日本語の大きさと英数字の大きさは、同じポイント数でも微妙に違っており、手作業でひと文字ずつバランスを調整しています。画数の多い文字と少ない文字では文字間隔（文字と文字の間のスペース）も違える必要がありますし、改行するときも、どの言葉のどの部分で改行すると読みやすいのか文字切れの位置を考えて行変えをしていきます。

A. 展示パネルと視点の関係

　身長と展示パネルまでの距離によって読みやすさは違ってきます。ここではパネルの距離まで 100 cm、視点の高さを床から 160 cm とした条件で考えてみます（**図 3.28**）。

　読みやすいパネルを作成するためには以下の **B ～ E** すべての要素に留意しなければなりません。

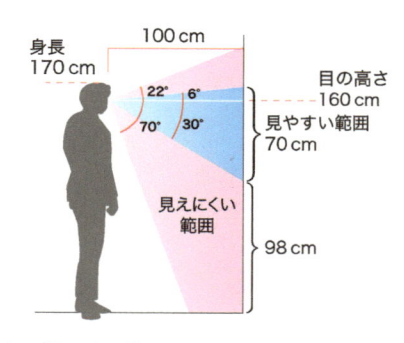

日本人の平均身長170cmとしたときの、
目の高さ位置は160cmです。
目の高さからまっすぐの位置よりもやや
下のほうが目が疲れません。
床から98cm以下の部分は情報を入れる
と見えづらくなります。

身長
170 cm

100 cm

22°　6°
70°　30°

目の高さ
160 cm

見やすい範囲
70 cm

見えにくい
範囲

98 cm

図 3.28　パネルの見やすい位置

B. 文字の大きさと文字数（図 3.29）

　文字が大きいほど読みやすくなるとは限りません。大きさよりも 1 行あたりの文字数が重要です。1 行あたりの適正な文字数は 20 ～ 28 字前後で、多くても 35 字程度です。また、1 行の長さが長くなると、改行時に次の行の頭までの距離が長くなるため視線の移動距離が長くなり、読みにくくな

ります。逆に短すぎても頻繁に改行することになり、視線の移動回数が多くなるため読みづらくなります。

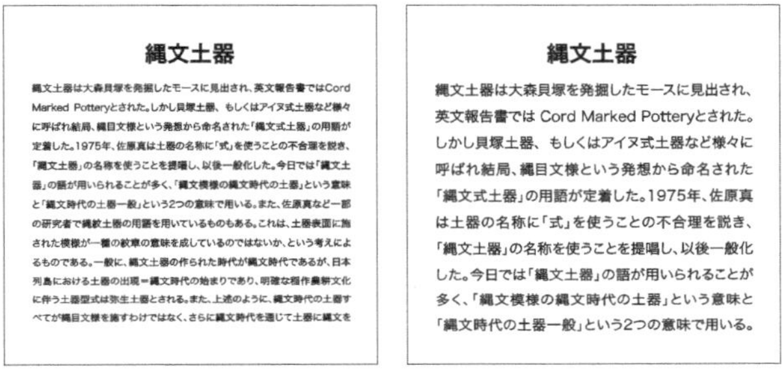

縄文土器

縄文土器は大森貝塚を発掘したモースに見出され、英文報告書ではCord Marked Potteryとされた。しかし貝塚土器、もしくはアイヌ式土器など様々に呼ばれ結局、縄目文様という発想から命名された「縄文式土器」の用語が定着した。1975年、佐原真は土器の名称に「式」を使うことの不合理を説き、「縄文土器」の名称を使うことを提唱し、以後一般化した。今日では「縄文土器」の語が用いられることが多く、「縄文模様の縄文時代の土器」という意味と「縄文時代の土器一般」という2つの意味で用いる。また、佐原真などで一部の研究者で縄紋土器の用語を用いているものもある。これは、日本考古学に加された模様が一種の紋様の意味を成しているのではないか、という考えによるものである。一般に、縄文土器の作られた時代を縄文時代であるが、日本列島における土器の出現＝縄文時代の始まりであり、明確な縄文時代と終末期文化に伴う土器型式は弥生土器とされる。また、上述のように、縄文時代の土器すべてが縄目文様を指すわけではなく、さらに縄文時代を通じて縄文を

ヒラギノ角ゴシック W3　34pt　行間 68pt

縄文土器

縄文土器は大森貝塚を発掘したモースに見出され、英文報告書では Cord Marked Potteryとされた。しかし貝塚土器、もしくはアイヌ式土器など様々に呼ばれ結局、縄目文様という発想から命名された「縄文式土器」の用語が定着した。1975年、佐原真は土器の名称に「式」を使うことの不合理を説き、「縄文土器」の名称を使うことを提唱し、以後一般化した。今日では「縄文土器」の語が用いられることが多く、「縄文模様の縄文時代の土器」という意味と「縄文時代の土器一般」という2つの意味で用いる。

ヒラギノ角ゴシック W3　50pt　行間 93pt

左のパネルは1行33字で設定したため、文字がぎっしりで読む気がなくなる。パネルを大きくし、文字を拡大した場合でも1行の長さが長くなるので、文字を目で追うのが苦痛なパネル。右は1行23字でテンポよく読める量。

図3.29　文字の大きさと1行あたりの文字数

C. 行間（図3.30）

行間が狭いと文字がぎっしりと詰まった感じで読みづらく、見た瞬間に読もうとする気持ちが萎えてしまいます。行間が開きすぎても目を移動させる距離が長くなるのでテンポよく読めません。

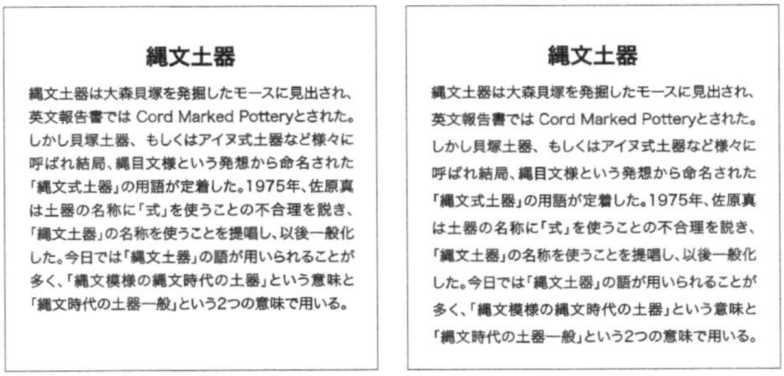

縄文土器

縄文土器は大森貝塚を発掘したモースに見出され、英文報告書では Cord Marked Potteryとされた。しかし貝塚土器、もしくはアイヌ式土器など様々に呼ばれ結局、縄目文様という発想から命名された「縄文式土器」の用語が定着した。1975年、佐原真は土器の名称に「式」を使うことの不合理を説き、「縄文土器」の名称を使うことを提唱し、以後一般化した。今日では「縄文土器」の語が用いられることが多く、「縄文模様の縄文時代の土器」という意味と「縄文時代の土器一般」という2つの意味で用いる。

ヒラギノ角ゴシック W3　50pt　行間 80pt

縄文土器

縄文土器は大森貝塚を発掘したモースに見出され、英文報告書では Cord Marked Potteryとされた。しかし貝塚土器、もしくはアイヌ式土器など様々に呼ばれ結局、縄目文様という発想から命名された「縄文式土器」の用語が定着した。1975年、佐原真は土器の名称に「式」を使うことの不合理を説き、「縄文土器」の名称を使うことを提唱し、以後一般化した。今日では「縄文土器」の語が用いられることが多く、「縄文模様の縄文時代の土器」という意味と「縄文時代の土器一般」という2つの意味で用いる。

ヒラギノ角ゴシック W3　50pt　行間 93pt

左のパネルは行間が詰まっていて、文字の固まりに見える。右のパネルは行間が開いており、次の行に目を移動させるときの精神的負担が軽く、読みやすい。

図3.30　行間

D. 文字間（図3.31）

画数の多い漢字は文字間をあけ気味に、カタカナやひらがなは文字間を詰め気味に調整し、文字間を均等にします。文章量が多いために文字間を狭くしてぎっしり詰め込むと、来館者の読む気が起きなくなります。

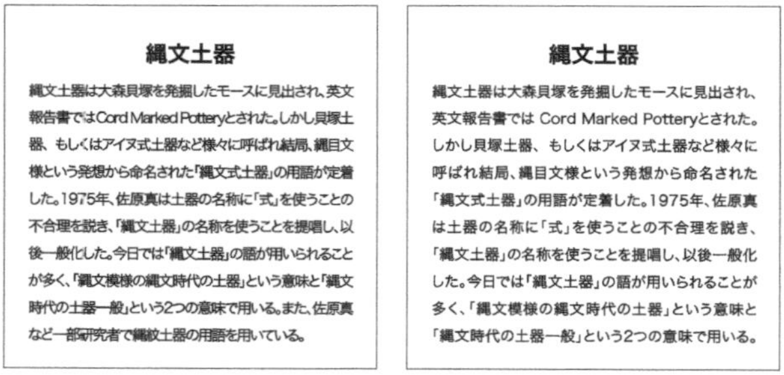

縄文土器

縄文土器は大森貝塚を発掘したモースに見出され、英文報告書ではCord Marked Potteryとされた。しかし貝塚土器、もしくはアイヌ式土器など様々に呼ばれ結局、縄目文様という発想から命名された「縄文式土器」の用語が定着した。1975年、佐原真は土器の名称に「式」を使うことの不合理を説き、「縄文土器」の名称を使うことを提唱し、以後一般化した。今日では「縄文土器」の語が用いられることが多く、「縄文模様の縄文時代の土器」という意味と「縄文時代の土器一般」という2つの意味で用いる。また、佐原真など一部研究者で縄紋土器の用語を用いている。

ヒラギノ角ゴシック W3　50pt　行間 80pt

縄文土器

縄文土器は大森貝塚を発掘したモースに見出され、英文報告書では Cord Marked Potteryとされた。しかし貝塚土器、もしくはアイヌ式土器など様々に呼ばれ結局、縄目文様という発想から命名された「縄文式土器」の用語が定着した。1975年、佐原真は土器の名称に「式」を使うことの不合理を説き、「縄文土器」の名称を使うことを提唱し、以後一般化した。今日では「縄文土器」の語が用いられることが多く、「縄文模様の縄文時代の土器」という意味と「縄文時代の土器一般」という2つの意味で用いる。

ヒラギノ角ゴシック W3　50pt　行間 93pt

左のパネルは文字間が詰まっていて文字がほぼくっついてしまい、美しくない。右のパネルの文字間は、文字の形を明確にしてくれるので、認識しやすく読みやすい。

図3.31　文字間

E. 書体（図3.32）

　文字の大きさや行間が適当で、文字組が読みやすくなっても、その博物館の個性や世界観が表現されていなければ、デザインの意味がなくなってしまいます。

　博物館の世界観を表現するには展示のテーマやコンセプトにあった書体や色の選択が必要で、書体によって、行間や文字間などのデザインも変化してきます。書体にはそれぞれ次のような特色があります。

- ゴシック体は可読性がよく、モダンなイメージでかたい。
- 明朝体は可読性がよく、アカデミックなイメージでやわらかい。

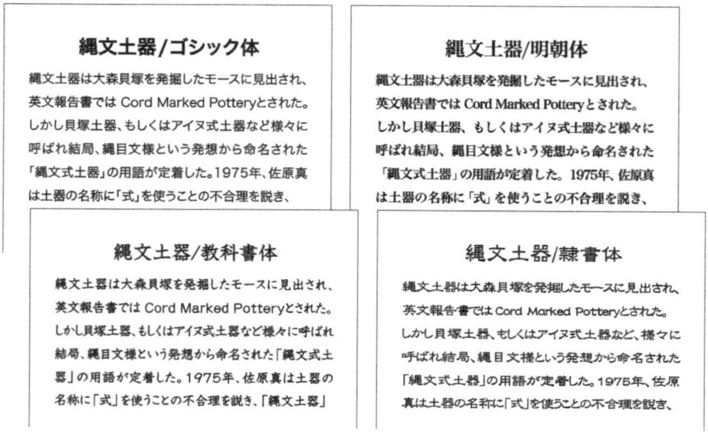

縄文土器/ゴシック体

縄文土器は大森貝塚を発掘したモースに見出され、英文報告書では Cord Marked Potteryとされた。しかし貝塚土器、もしくはアイヌ式土器など様々に呼ばれ結局、縄目文様という発想から命名された「縄文式土器」の用語が定着した。1975年、佐原真は土器の名称に「式」を使うことの不合理を説き、

縄文土器/明朝体

縄文土器は大森貝塚を発掘したモースに見出され、英文報告書では Cord Marked Pottery とされた。しかし貝塚土器、もしくはアイヌ式土器など様々に呼ばれ結局、縄目文様という発想から命名された「縄文式土器」の用語が定着した。1975年、佐原真は土器の名称に「式」を使うことの不合理を説き、

縄文土器/教科書体

縄文土器は大森貝塚を発掘したモースに見出され、英文報告書では Cord Marked Potteryとされた。しかし貝塚土器、もしくはアイヌ式土器など様々に呼ばれ結局、縄目文様という発想から命名された「縄文式土器」の用語が定着した。1975年、佐原真は土器の名称に「式」を使うことの不合理を説き、「縄文土器」

縄文土器/隷書体

縄文土器は大森貝塚を発掘したモースに見出され、英文報告書では Cord Marked Potteryとされた。しかし貝塚土器、もしくはアイヌ式土器など、様々に呼ばれ結局、縄目文様という発想から命名された「縄文式土器」の用語が定着した。1975年、佐原真は土器の名称に「式」を使うことの不合理を説き、

図3.32　書体

- 手書き系書体の代表である教科書体は、筆で書いたようなやわらかさをもち、素朴でほっとするイメージで古風な感じ。隷書体は中国の書の古風なイメージ。
- 装飾系書体はファンシーな感じや独特な個性が強く、可読性は低いものが多い。商業的なデザインによく利用されるが、展示の解説文には使用しないほうがよい。

3.6.8 地色と文字色のコントラストと照明の関係

　地色と文字色のコントラストは、読みやすさに大きな影響を与えます。黒地に白い文字、またはその逆など、コントラストが強いほど読みやすいものです。ただし、白地に黒い文字を組むときは、黒の色を濃いめのグレーにしてコントラストを若干弱めると、目が疲れにくい傾向があるといわれます。また、文字の色に有彩色を使用する場合は、彩度の低い色でないと目が疲れてしまいます。

　照明がパネルの色彩に与える影響についての実験（**図 3.33**）では、黒地に白い文字、白地に黒い文字の 2 種のパネルを用意して、さまざまな照明設定の下で比較したところ、

- 色温度が低い照明（3000 K 程度）よりも色温度の高い自然光に近い照明（4000 K）のほうが読みやすい

図3.33　色温度と明るさによる文字の可読性の比較
〔実験協力：パナソニックホールディングス株式会社〕

- 50 lx、100 lx、150 lx と明るさを変えて比較した場合、100 lx 程度が読みやすい
- 明るすぎると白地に黒の文字はハレーション現象を起こして文字が細く見え、読みづらくなってしまう

ということがわかりました。

3.6.9 図版のデザイン

　わかりやすく楽しい展示グラフィックのポイントとして、文字の読みやすさのほかに図版のクオリティがあげられます。展示のテーマや世界観によって図版の種類やイメージは違ってきますが、いずれにしてもオリジナリティがあり、デザイン性が高く、丁寧な仕事がなされたものでなければなりません。

A. 写真

　入手した写真原稿をそのまま使用できる場合はまれです。写真はトリミングの仕方で意味が違ってきます。どのようにトリミングすれば伝えたいことが伝わるのかを考慮しなければなりません。

　写真のクオリティとして、以下の事項をチェックしましょう。

- 写真の解像度は足りているか？
  インクジェットプリンターの場合、原寸で 200 dpi 以上の解像度が必要です。解像度が足りていない写真は原寸より小さくして使用するか、強制的に補正しないと、ややぼけた感じになってしまいます。
- ピントは合っているか、ぶれていないか？
  パソコンでの補正はできません。
- 明るさ、コントラスト、色調は適正か？
  暗い写真やコントラストの弱い写真は補正が必要になります。
- 不要物の削除
  不要物が写り込んでいることによって伝えたいことが伝わらないと思われる場合は、パソコンで削除する作業が必要です。

B. イラストレーション

　説明図や想像図にはイラストレーション（イラスト）を使用します（**図**

3.34）。線画イラストは手描きの場合とパソコンソフトによる描画の場合があるので、用途によって使い分けます。手描きの線は温かく親しみやすい仕上がりを、パソコンソフトの線は精緻な仕上がりを必要とする場合にそれぞれ用いられます。写実的なイラストは時間とコストがかかります。

図3.34　イラストレーション

C. チャート図、概念図、表など

　概念図や複雑なシステム図を作成するデザイナーは、内容を深く理解していることが必須です（**図3.35**）。原稿をそのままトレースしただけではわかりやすい図版にはなりません。概念図の原稿を読み込んで、必要な言葉を補ったり、平面を立体に置き換えたり、視点を変えてみたりするなど、来館者に理解してもらうためのさまざまな工夫が必要になります。文字を読みやすく、かつ要素をわかりやすく見せるため、図と文字の量のバランスも難しいポイントです。理解を助けるためには色彩を効果的に使うことも重要です。

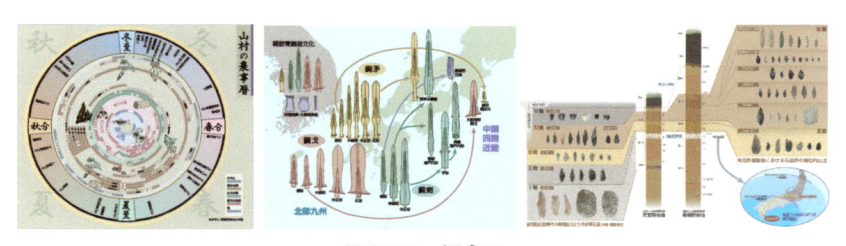

図3.35　概念図

〈参考 Web サイト〉
ノイエ：https://www.noiedesign.com/service/musedesign.html

3.7 レプリカとジオラマ

レプリカ（複製品）は、原品（複製のもとになった資料）が長期展示に耐えられない場合や、原品を所有しない場合などに製作されます。展示ではレプリカ一点一点が原品同等の役割を担います。これに対してジオラマは、展示の空間演出手法のひとつであり、多数の模造品や造形物、背景画などを立体的に組み合わせて構成し、歴史的景観や自然景観を視覚的に再現する展示手法です。

3.7.1 レプリカとは

レプリカには大きく「現状複製」と「復元複製」の2通りがあります。現状複製は原品の現状をそのまま再現するものであり、原品の形状・質感・色調はもちろんのこと、残された傷や汚れ、破損箇所に至るまで再現します。これに対して復元複製は、原品が劣化や退色により鑑賞できないような場合に、原品の当初の状態を再現したレプリカです。

一般にレプリカは原品の代替品としてネガティブにとらえられがちですが、レプリカであれば劣化や退色に神経質になることなく照度を上げて展示することも、ガラスケースを用いずに露出展示を行うことも可能であり、来館者にとって見やすい展示環境を整えることができるという利点があります。また、原品を博物館が所有しない場合には、展示ストーリーに合わせて体系的な展示を構成することもできます。そのため、展示ではレプリカを有効に活用することも考える必要があります。

3.7.2 レプリカの製作

レプリカの形態は陶磁器、金属器、彫刻などの「立体物」と、文書や巻子などの「平面物」に大別できます。それぞれの製作方法について代表的な例を見てみましょう。

A. 立体物

　立体物の場合は、シリコンゴムによる型どりが多く用いられます。資料全体に錫箔を貼り、シリコンゴムと資料本体が直接触れないようにして、粘土などでつくった土台に資料を安定させたうえで、シリコンゴムを流し込みます。立体物の場合、これらをいくつかに分割して行うことで全体の型どりを行います。

　こうしてつくられた原型型に成型用樹脂（エポキシ樹脂やポリエステル樹脂）を流し、強度が必要な場合はガラス繊維などを重ねて硬化させることで強度を高め、樹脂が硬化したら型からとり出します。こうして再現された成型物に、現状複製の場合は専門の職人の手で色合いや汚れ、破損の具合まで原品と区別のつかない精度で着色が施され、レプリカが完成します（**図 3.36**）。

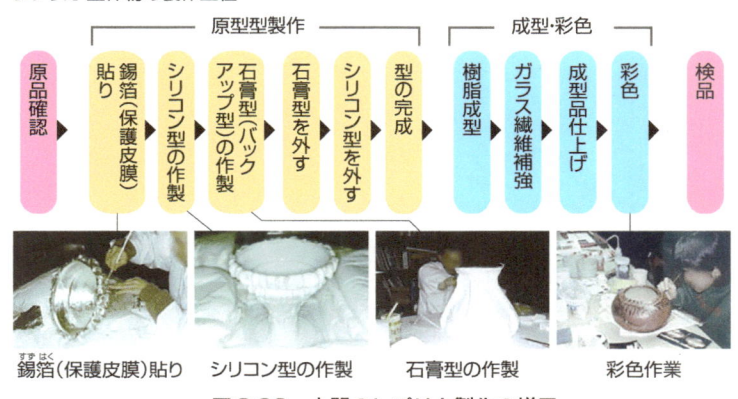

レプリカ・立体物の製作工程

図3.36　土器のレプリカ製作の様子
〔写真提供：株式会社 京都科学〕

B. 三次元計測（3D 計測）によるレプリカ製作

　近年、立体物のレプリカ製作は 3D スキャニングなどの三次元計測（3D計測）で形状や寸法データを取得して活用することが多くなっています。

　これまでは原型型の製作など資料に触れて作業を行う工程がありましたが、三次元計測は資料に触れずにデータを取得することが可能です。また、運搬が容易なコンパクトな測定機材もあり、資料の保管場所に機材を

搬入して計測することもできます。資料の破損リスクを格段に抑えることが可能なため、安全性の観点からも望ましい製作方法といえます。データ取得後は3Dプリンタで原型を出力し、その原型を型どりします。以降の「成形・彩色」の工程はこれまでどおり、樹脂成型〜ガラス繊維補強で成型品を仕上げて、専門の職人の手で彩色を施します。しかしながら、三次元計測も万能ではありません。3Dスキャニングでは光を反射または透過する素材は認識できないなど技術的な課題もあり、陶器やガラス質の素材はデータが取得できないこともあります。製作にあたっては専門技術者との事前の確認が必要です。

　取得した形状や寸法のデータは、今後の文化財の調査研究にも活用することもできます。また、ハンズオン展示に用いる手で触れられるレプリカの製作や、CGで復元することで映像製作にも活用できます。三次元計測はレプリカ製作だけではなく、調査研究や展示活用の幅をよりいっそう広げることが可能な技術です（**図3.37**）。

　なお、3Dによるレプリカ製作については3.7.3項で詳しく説明しますので参照してください。

回転台に載せた原品を
三次元計測機でスキャニング

計測したデータを3Dプリンタで出力。
これを組み立てて原型が完成

原型と複製に使用した
シリコンゴム製の原型型

シリコンゴム製の原型型から
FRP製のレプリカを製作し、彩色して完成

図3.37　三次元計測によるレプリカ製作
〔資料提供：株式会社トリアド工房、原村歴史民俗資料館〕

C. 平面物

　文書などの平面物の場合、通常の印刷物では拡大すると網点状となります が、レプリカ製作では拡大しても網点がなく連続階調で緻密な印刷が可能な多色刷りによるカラーコロタイプ印刷が多く用いられます。さらに紙の質感もオリジナルにより近いものを選定して製作します。紙の破損や汚れなども専門の技術者により彩色が施され、ほぼ原品と見分けがつかない精度のものまで製作が可能です。さらに近年では、高精細デジタルカメラによる撮影と従来のコロタイプ印刷や職人の手による人着作業が融合されて、短時間で精度の高いレプリカ製作が可能となっています（**図3.38**）。

基本用語　コロタイプ印刷（多色刷りカラーコロタイプ印刷）

約150年前にフランスで生まれた印刷技術で、従来は白黒画像のみの印刷でしたが、現在では多色刷りによるカラーコロタイプ印刷が可能となっています。
　撮影には原寸撮影ができる特殊なカメラを使用し、撮影したネガをそのまま原板として使用します。版画と同様に必要な色の数だけ版をつくり、多色刷りにより印刷を行います。通常の印刷物に見られる網点がなく、連続階調によって表現されるため、色彩の微妙なニュアンスや筆線の繊細さが原本同様に再現できます。

網点で構成されている写真がオフセット

階調表現で原本と同じ濃淡で表現するのがコロタイプ

図3.38　コロタイプ印刷の拡大画像（右）
印刷物に見られる網点がなく、忠実な再現が可能。〔写真提供：便利堂〕

　レプリカを製作する場合、型どりや撮影で貴重な原品をとり扱うことが多く、資料に悪影響が及ばないように細心の注意を払う必要があります。資料のとり扱いには所有者・管理者と十分な打ち合わせを行い、信頼できる製作業者と作業を行うことが必要です。

3.7.3 3D（三次元）によるレプリカ製作とその問題点

　3D とは、three-dimensional（三次元の）あるいは three dimensions（三次元）の略で「縦、横、奥行き」「長さ、幅、厚さ」など3方向の座標で表される広がりをさします。3D 座標を測定することによって立体物を記録することができます。原理的には地形のような大きなものから手のひらに収まるような小さなものまで測定でき、3D データを得ることができます。3D データは、測定した資料を二次元のコンピュータのディスプレイ上で視点を変えて見たり、計測したりすることができるようになり、建築や土木・機械の設計、空間デザイン、地形測量、考古学など多くの分野で利用が進んでいます。

　三次元計測には、光を対象物にあてて反射光が戻ってくるまでの時間や光のパターンから計測する 3D スキャナを用いる方法や対象物を異なる視点から撮影した複数の写真のズレを利用して得るフォトジオメトグラフィなどの方法があります。

　3D データは 3D プリンタや 3D プロッタで造形することができます。3D プリンタは合成樹脂を溶かしながら積み上げて造形するもの、3D プロッタは金属や合成樹脂などの素材を切削して造形するものです。どちらも趣味的に使用できる低価格帯のものから業務用の高機能のものまであり、出力される造形物の精度は機器の性能によります。高機能の 3D プリンタから出力される造形物は型どりによって製作されるレプリカと遜色のない精度のもので、近年、博物館で展示するためのレプリカ製作にも 3D データが利用されるようになっています。

A. レプリカ製作に 3D データを利用する利点

　利点として最初にあげられるのは、データを取得するときに対象物である原資料に触れなくてもできる点でしょう。従来の方法で立体物のレプリカを製作する場合には資料全体に錫箔を隙間ができないように貼り、その外側にシリコンゴムを流し込んで「型」をつくる必要があります（3.7.2 項 A 参照）。そのためサビの進んでしまった金属器など脆弱な資料のレプリカ製作は不可能でしたが、3D データを用いれば製作できる可能性があります（**図 3.39**）。なお、製作されるレプリカは 3D プリンタなどから出力さ

図3.39　埼玉県砂川遺跡出土の接合資料（左）とそのレプリカ（右）
石器製作の際に打ち剥がされた剥片（石のかけら）が接合した資料でごく小さな面積で
接着されているため、壊れやすいものである。3D測定では資料本体に触れずに計測で
きるのでレプリカ製作が可能となった。原資料は重要文化財。明治大学博物館所蔵。
〔写真提供：明治大学博物館〕

れた造形物をそのまま用いる場合と、出力された造形物から「型」をつく
る場合とがあります。

　次にあげられる利点は、数値データである3Dデータは拡大したり縮小
したりできることです。実際の大きさで見るのに小さすぎる細石器や小型
の昆虫、植物の種子などを拡大して出力することが可能です。逆に建造物
など展示室に収まりきらない巨大なサイズの資料を精密なまま縮小して出
力することもできます。元の資料から直接型どりをする従来の方法では不
可能なことです。元の資料と大きさが異なるのでレプリカとはいえないか
もしれませんが、資料のもつ外見的特徴はそのまま保持しています。

　さらに型どりの場合、「型」の材料に用いるシリコンゴムは経年劣化し
て、レプリカ製作ができなくなりますが、3Dデータではそのようなことが
ありません。データが保存されていれば何度でも使うことができます。一
度3Dデータを取得すれば、再度の測定は必要ありません。

B．レプリカ製作に3Dデータを利用する問題点

　3Dデータが劣化せず何度でも使用可能な点を利点としてあげました
が、逆に心配な点もあります。データさえあればいつまでもレプリカが製
作でき、原資料の所蔵者が管理しきれない可能性が高くなります。取得し
たデータを原資料所蔵者に納めるようにすることである程度の歯止めと
はなるでしょうが、デジタルデータは容易にコピーができてしまうので
100％の安心とはいえません。ただ、写真画像もほとんどデジタルデータ

に移行しましたが、画像を再利用する場合には所蔵者に再度申請して利用するシステムが定着しています。博物館間では大きな問題となる可能性は多くはないと考えられます。

　他方、レプリカ製作を目的としない3Dデータの取得が増えてきています。不定形の立体物を扱うことの多い考古学の分野では出土資料の記録として三次元計測を行うことがあり、大学の卒業論文の調査でも資料の3D測定をする例が見られます。3Dデータは写真などと異なり視点を自由に変えることができるので調査後の再確認にとても役立ちますが、このように取得したデータからもレプリカを製作することができてしまいます。低価格帯の3Dスキャナの登場によって、ますます3Dデータの利用は増えてくることが予想されます。

　3Dデータに関しては著作権・所有権などに基づく権利関係が、まだ曖昧な部分があるため、3Dデータの目的外使用を制限することが必要になってくるかもしれません。

3.7.4　ジオラマとは

　ジオラマは、多くの模造品や造形物、背景画などを用いて、展示空間に歴史的景観や自然的景観を立体的に再現する手法です。この手法は、学術研究の成果をもとに、緻密な模造品の集合体によって景観を三次元的に可視化することで、極めて高いリアリティを伴った視覚体験を生み出すことができます。精度の高いジオラマは、その場にいるような擬似体験をすることができ、来館者の知的好奇心を誘発させる効果も高く、多くの博物館で人気を得ています。

3.7.5　ジオラマのタイプ

　ジオラマには多様なタイプが考案されています（**図3.40**）。

A. ボックス型ジオラマ

　来館者はボックスの外側に設けられた開口部から緻密に再現された景観を覗きます。このタイプは来館者の視点が定点で決められていることか

ら、遠近法の技法を使って奥行きを強調するなど視覚的な効果を得られる利点があります。その一方で来館者の視点はボックスの開口部の外にあらかじめ決められており、内部の景観をつぶさに観察したいと思っても、内部に立ち入ることはできません。

B. ドーム型ジオラマ

来館者が再現空間の内部に視点を置くことができます。来館者の視野角を包むように再現空間が構成され、上下左右の空間を立体的に用いた景観を目にすることができます。ボックス型のジオラマでは視点が固定されていましたが、ドーム型のジオラマでは来館者自身の興味や関心に応じて視点を自由に動かして景観を観察することが可能です。

C. ウォークスルー型ジオラマ

再現空間の内部に来館者を積極的に引き込み、再現空間のなかで自由な観覧を促すことができるタイプです。このタイプの場合、見る視点は通路となっているスペース内であれば一切の制限はなく、来館者の興味や関心に応じた主体的な観察が可能です。

人は誰しも目の前に本物と見間違うほどの空間が展開されていれば、その景観をよりつぶさに観察してみたいと思うことでしょう。ジオラマはこうした来館者の知的好奇心を刺激し、満足させることができる優れた展示手法といえます。

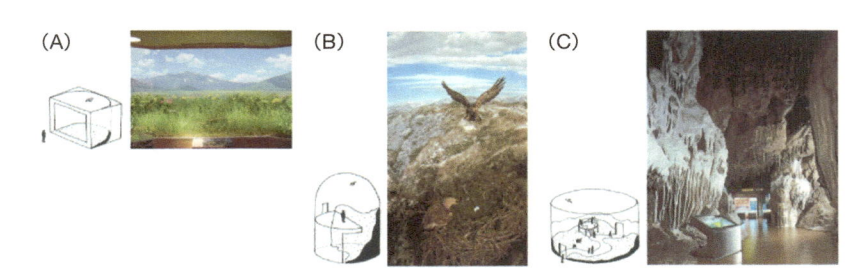

図3.40　ジオラマのタイプ

(A) ボックス型ジオラマの例：群馬県立自然史博物館、(B) ドーム型ジオラマの例：岩手県立博物館、(C) ウォークスルー型ジオラマの例：鹿児島県歴史資料センター黎明館。

ジオラマと各種メディアとの複合

　ジオラマは音響・映像・照明演出などと複合させることで、より体感性を高めた展示手法にすることができます。いかに緻密な再現を行ったとしても、その情景はある時間の一点を切りとったものであり、いわば「静止した情景」です。ここに音響・映像・照明を組み合わせて演出することで時間の変化を表現した「動的な情景」として展示することができます。

実例 指宿市考古博物館の例

　照明効果を加えることで時間の経過を表現し、縄文時代の村の一日を演出しています。昼から夜への変化を、舞台照明の技術を用いて表現することで、縄文の人々の暮らしをあざやかな情景の変化とともに、ドラマ性をもった演出で伝えています。さらに、昼と夜では異なる効果音に変えて縄文時代の人々の生活音を送出する工夫がなされ、より臨場感を高めた体感性の高い展示が演出されています（**図**）。

図　音響・照明効果によりジオラマで時間経過を表現した例
〔提供：指宿市考古博物館〕

　こうしたジオラマと音響・映像・照明など各メディアとの複合演出は、アミューズメント施設でも用いられる手法ですが、博物館の展示では、学術研究の成果に沿って細部まで考証が行われ、表現されたものでなければなりません。

3.7.7 体験活動の舞台としてのジオラマ

　屋内や屋外の広い場所を使って、町並みなどの歴史的景観の一部を切りとり、大がかりに再現したジオラマとして「情景再現型展示」があります（**図3.41**）。

図3.41　情景再現型展示
屋外に1952年（昭和27年）の郷土の町並みを再現し地域学習の場として利用。
〔写真提供：浦安市郷土博物館〕

　情景再現型展示では、当時の家屋をはじめ、周辺の庭や路地などの生活空間も緻密に再現され、さらに多様な生活用品や調度品も細かく複製し設置されます。サインや解説キャプションといった表示は最小限にとどめ、景観の再現性を優先すると、より高い演出効果が得られます。こうした空間演出により、来館者は過去へタイムスリップしたかのような疑似体験を楽しむことができます。

　ここでは町並みを舞台として多様な体験学習プログラムを催すことができます。例えば、地域の昔話を紙芝居で子どもに読み聞かせるイベント、昔の生活用品を使って当時の暮らしを体験するイベントなどを郷土学習のプログラムとして開催することができます。情景再現型展示は博物館スタッフと来館者、地域住民などの多様な人々や世代をつなぐ、コミュニケーションの舞台として機能させることも可能といえます。

3.7.8 ジオラマの製作

　ジオラマの製作は研究成果に基づき、その考証によって丹念かつ正確に再現されたものでなくてはなりません。例えば、1軒の民家を再現するには、時代背景や地域特性の調査、生活道具などの資料収集と併せて、そこ

に暮らした人々の家族構成や仕事についても詳細なヒアリング調査を行う必要があります。復元する家具・調度品・生活道具の一品一品に、人々の暮らしぶりを表現する必要があるためです。必要に応じて専門の研究者や郷土史家にも監修者として参加してもらうことも考えられます。こうした丹念な調査活動が下支えとなり、初めて緻密で正確なジオラマ製作が可能となるのです。調査結果をもとに、設計段階で製作内容を具体化し、設計図や予算資料を作成します。

　実際の製作段階では、背景画を描く職人や大道具・小道具製作の職人など、多数の技術者が参加します。ジオラマに用いられる技術の多くは、映画美術や舞台美術の職人が創意工夫して培ってきました。

　しかし、近年は職人の高齢化や技術者の後継者不足が課題となっているのが現状です。一方で三次元計測データ（3D データ）の活用など、デジタル技術による新たな製作手法の導入も期待できる分野です。

3.8 展示の解説システム

展示は「もの」である資料を用いて、メッセージを発信する行為です。資料は多くの情報をもっていますが、自ら語ることはありません。資料のもつ多くの情報のなかから展示のテーマに沿った情報を選び、確実にメッセージを届けるためには、何らかの橋渡し役が必要となります。この橋渡し役となるのが展示解説です（図3.42）。

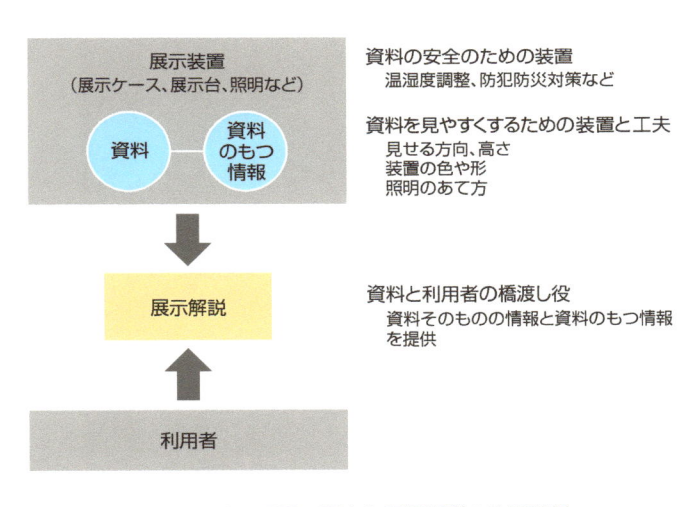

図 3.42　展示の要素と展示解説の位置関係

3.8.1　展示解説の方法

展示解説の方法には、文章・音声など言葉によるもの、写真・イラストレーションなどグラフィックによるもの、実写やアニメーションなど動画によるもの、人によるもの、そしてそれらのうちの二者以上を併用するものなどがあります。最も効率よく、かつ確実に、届けたいメッセージを届けたい対象へ伝達できる方法を選択します。

ほとんどの展示室にあるのが文字パネルやグラフィック・パネル（ここ

では総称して「解説パネル」と記述）による展示解説です。展示は資料と解説パネルの組み合わせを基本としていて、そのほかの機器を用いる解説方法や人による解説は、これを補完するものといえます。

A. 言葉による解説

資料の背景、資料のもつ意味や概念などを伝えるためには、言葉による解説が不可欠です。

書かれた文章によるものは、文字をレイアウトしてパネル仕立てにして展示することから「文字パネル」と呼んでいます（英語圏ではラベル label と呼ぶことが多い）。より詳しい解説を印刷し、手にとることのできるようにした解説シートを用意している博物館もあります。

音声によるものは、「音声ガイド」「オーディオ・ガイド」などと呼び、録音した解説を利用者がイヤホンで聞く方式が普及しています（3.9 節参照）。

B. グラフィック・動画による解説

展示されているもの（例えば土器や石器）の作り方や使い方、道具類の変化やある民族の活動範囲の変化など時系列に沿った移り変わり、そしてどこかの場所（例えば遺跡の位置）などは写真やイラストレーション、動画などを用いるとわかりやすい場合があります。

写真やイラストレーションなどの静止画も文字と同様にパネル仕立てで展示することが多く、それぞれ「写真パネル」「図パネル」（併せて「グラフィック・パネル」）と呼んでいます。ほとんどの場合、内容を説明するためのタイトルと短文（キャプション）を付けます（3.6 節参照）。

実写やアニメーションなど動画による解説は、再生するための視聴覚機器を用いて提供します。やはりキャプションや音声など言葉による展示解説を併用することがほとんどです。

C. 人による解説

学芸員、解説員、ボランティアなど人が解説をする展示ガイドや、ギャラリートークといった方法があります。利用者との対話が可能で、双方向のコミュニケーションができます（3.10 節参照）。

3.8.2 展示の構造と解説パネル

展示は書籍と同じように、主題（テーマ）があり、それをいくつかの章に分け、さらにそれぞれの章を節に分けて、というように階層的な構造をとります。この展示の階層に対応して、それぞれのレベルでの解説・説明を付けます。以下のように3つのレベルに大別できます（**図3.43**）。

　　レベルⅠ　　展示の主題（テーマ）に関連するパネル類
　　　　　　　　（タイトルパネル、あいさつパネル、導入パネル）
　　レベルⅡ　　展示内容に関連する解説パネル
　　レベルⅢ　　個々の資料に関連する資料パネル

3.8.3 文字情報の提示

文字による情報提示の仕方は、見やすさと読みやすさという2つの側面から考えることができます[1]。

見やすさは、文字の種類や大きさ、字間と行間、文字の色とパネルの地色の関係など主にデザインに関連する事柄です（3.6節参照）。加えて、パネルを配置する場所（高さ、見る位置からの距離、資料との位置関係など）やその場所の明るさなど、環境も関係してきます（3.4～3.6節参照）。

読みやすさは、書かれている文章が理解しやすいかどうかという内容と表現に関連する事柄です。竹内順一は「平均200字前後がもっとも読みやすく、『受け身形』と『……的』の使用を避けるように心がければ、経験の浅い学芸員でもわかりやすい文章になる」と述べています[2]。

それぞれの資料の解説は、その解説単独で完結する必要があります。展示は見る順番を想定して動線が設定されています。しかし、利用者が実際にその順番で見るという保証はないからです。またひとつの解説が最後まで読まれる保証もありません。新聞の記事のように最初の文で結論を述べる文章構成にしたほうがよいでしょう。

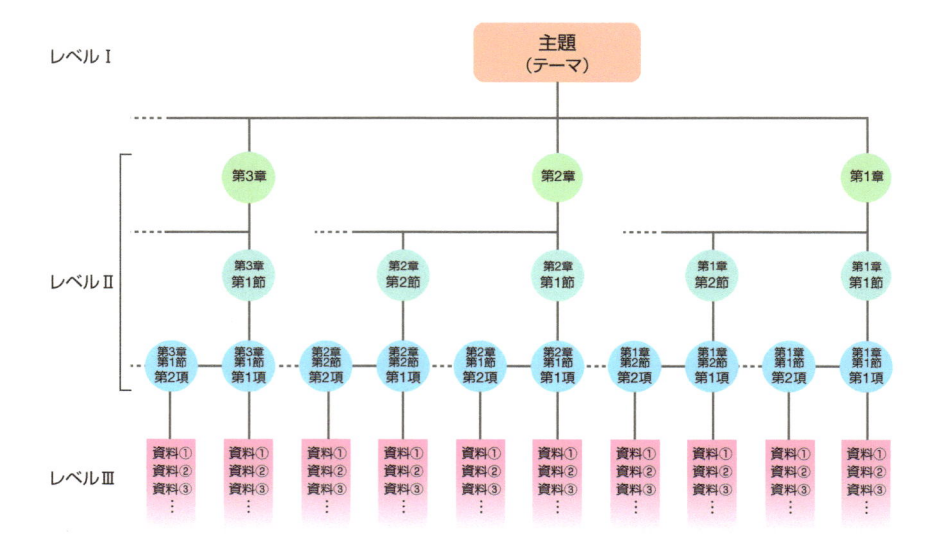

レベルⅠ	タイトルパネル	展示名称（タイトル）を示す。グラフィックを使ったポスター・チラシなどの宣材と共通するデザインが望ましい。
	あいさつパネル	企画者・主催者による展示の目的・意図の表明。
	導入パネル	展示の主題（テーマ）・構成などを示す。
レベルⅡ	章解説パネル（大テーマパネル）	展示構成の階層（展示の規模によって、階層の深さは異なる）に従った各段階での解説。 階層の深さによって解説するレベルは異なり、深い階層では個々の資料に近い個別具体的な内容となり、浅くなるに従って抽象度が高くなる。 そのため、浅い階層の解説のほうが、多くの文字量を必要とする場合が多い。
	節解説パネル（中テーマパネル）	
	項目解説パネル（小テーマパネル）	
レベルⅢ	資料パネル	1点あるいはひとまとまりの展示資料につける。キャプションとIDラベルに分けることができる。 キャプションは、展示資料についての説明をする。 IDラベルは、展示資料の基本データ（名称、作者、出土地、生産地、素材、所有者など）を提供する。 IDラベルはすべての展示資料につける。キャプションを省略する展示資料はある。 IDラベルとキャプションをひとつのパネルとして制作する場合も多い。

図3.43　解説パネルの階層

3.8.4 展示の種別による展示解説の違い

博物館の展示には、資料そのものを見せようとする提示型展示（presentation）と資料を通じてわかるいろいろな事柄を説明しようとする説示型展示（interpretation）とがあります。この2つの要素は相反するものではなく、ほとんどの展示は比率の違いがあっても両方の要素をもっています（**図 3.44**）。

人文系の博物館であっても、絵画や彫刻、工芸品を展示する美術系博物館（美術館）の展示では提示型展示の要素が多くなり、現代美術の展示では作品のほかには資料名と作者名などが記された ID ラベルだけという場合も少なくありません。一方、考古資料や文書を展示する歴史・民俗系博物館の展示では説示型の要素が多くなります。近世以前の古美術を中心に扱う館（実際の館名は「○○博物館」とされている館と「○○美術館」とされている館の両方があります。図 3.44 では「古美術館」と仮称します）の展示では両者の中間か、やや提示型よりとなることが多いようです。

自然系の博物館では、動植物や地質を扱う自然史博物館のほうが、理工系の科学博物館よりも提示型指向が強くなりますが、人文系の博物館と比べると説示型指向が強いといってよいでしょう。

日本の博物館学の父である棚橋源太郎は、こうした展示の性格の違いと展示解説について、「芸術品というものは鑑賞するということが眼目であって、歴史や産業や科学の参考品は理解することが主眼でなければならぬ」と述べています。そして「陳列品に付ける説明札は事実は陳列法の一部と見なすべきで（中略）科学・産業・歴史の博物館では説明札がなければ陳列品がほとんど意義をなさず、博物館としても作用をなさないのである」ともいいます。一方で、芸術品には「下手に長たらしい説明などを付けると、かえって邪魔になる」[3]（引用に際して現代かなづかいとし、句読点を追加）と展示解説の違いについても述べています。棚橋のいう「芸術品」、すなわち美術工芸資料（作品）は、もともと人に見せるために制作されたものなので、資料自体が鑑賞されるのに適しており、展示する場合にも提示型展示をすることが多くなります。それに対して、考古資料や文書などでは資料のもつ情報を伝達するために解説・説明を付ける説示型展示

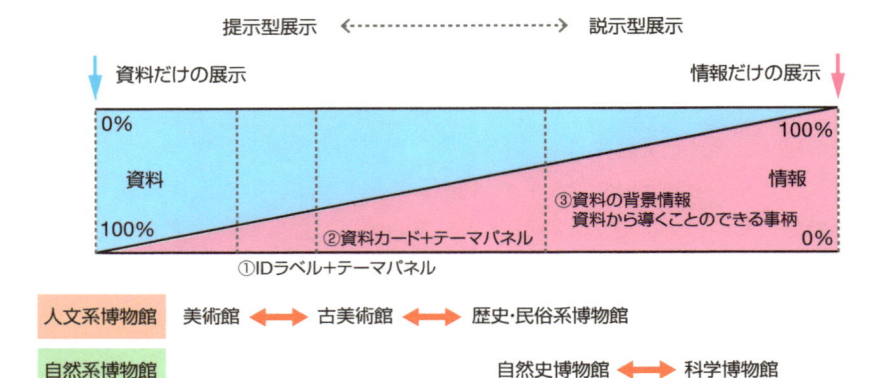

図3.44　展示の種別 — 提示型展示と説示型展示

展示会場には資料とそれを解説する情報（パネルなどで示す）の両者が展示されている。このZ字形の図では、左端では何の解説もつけられずに資料だけが展示されている状況（資料100%、情報0%）を、右端では逆に資料がなく情報だけが展示されている状況（資料0%、情報100%）を示している。このような極端な事例はほとんどなく、会場での資料と情報の割合はZ字形の上下を結ぶ斜めの線上に位置している。
①では展示構成を示すIDラベルとテーマパネル類だけ、②では①に資料の解説を付したキャプションが加わり、さらに③では展示資料から導き出される情報・事柄をも示す。①〜③の資料と解説（情報）の割合は、おおよそ図中のそれぞれの位置になる。〔Dean, David, *Museum Exhibition -Theory and Practice,* Routlege（1994）所収の図に加筆、改変〕

をする場合が多くなります。

　この節の冒頭で、展示は資料という「モノ」を用いて、メッセージを発信する行為であると述べました。展示解説はメッセージを伝えるための重要なツールであり、展示には欠かせないものです。そのように考える一方で、展示企画者は資料そのものを「見る楽しみ」や「見て考える楽しみ」を利用者に味わってもらいたいとも考えています。美術系の展示ではなくても、目的によっては、言葉による解説を敢えて最小限にして、資料そのものに注目してもらえるような方法を選択することもあります。

　博物館の現場では、解説文は150〜200字あるいは200〜300字といった文字数が望ましいという意見が多く、長文を避ける傾向にあります。たしかに資料1点あたりの解説文が200字程度であっても、展示資料の数が増えれば、展示全体としてはかなりの文字量となります。

　仮に200点の展示資料があり、それが各章2項目からなる3章構成で展示されているとします。解説パネルの数は、導入パネル1点、章解説パネル（大テーマパネル）3点、項目解説パネル（中テーマパネル）6点、資料パネル200点となります。テーマパネルなどの大きなパネルを300字、資料パネルのキャプションを150字とすると、合計33,000字となります。通常、これらのパネル以外に関連する情報を伝えるための解説を加えることが多く、それらを合わせると全体では40,000字前後となるでしょう。この本におきかえるとおよそ40ページ分です。立った姿勢で移動しながら、同時に展示資料を鑑賞しつつ読んでいくことを考えると、かなりの分量だといえるでしょう。

　ただ、「内容の理解も消化不良に終わるような舌足らずの短文も本来の目的（正しい情報を的確に伝えるという目的：筆者）を達することができず、また困りもの」[4] です。解説パネルのフォーマットを設計するときには「文字数ありき」ではなく、展示の性格に応じた適正な文章量を算出する必要があるでしょう。

〈引用文献〉

1) 川嶋ベルトラン敦子：キャプションと来館者〜展示メディアにおける文字情報の評価〜，Museum Data 51 丹青研究所（2000）

2) 竹内順一：美術館の運営―特別展の立案から実施まで，芸術経営学講座①，東海大学出版会（1994）

3) 棚橋源太郎：目に訴へる教育機関，p.313，宝文館（1930）

4) 村上義彦：博物館の歴史展示の実際，p.30，雄山閣（1992）

〈参考文献〉

1) 井出洋一郎：美術館学入門，明星大学出版部（1993）

2) Dean, David：(1994) *Museum Exhibition -Theory and Practice,* Routledge；山地秀俊，山地有喜子 訳：美術館・博物館の展示　理論から実践まで（北里桂一 監訳），丸善（2004）

3.9 音声ガイドと多言語表記

音声ガイドと多言語表記は、どちらも博物館展示で言語情報を伝えるための方法です。音声ガイドでは言語情報を音声として提供します。博物館での多言語表記とは、日本語以外の言語を母語とする利用者に向けて、言語情報を提示する際に、複数の言語を用いて表示する方法をさします。博物館での音声ガイドと多言語表記には、どのような特性や可能性があるのでしょうか。

3.9.1 音声ガイド

音声ガイドは博物館の利用者が必要とする情報、特に展示室内で、展示内容に関する言語情報を、音声によって伝達する方法として用いられています。音声ガイドは、日本では 1990 年代後半から導入されはじめました。特に、作品そのものと向き合うことを優先する傾向の強い美術館において、企画展示などを中心に導入されました。一方、標本資料だけではなくそれらに関連する多様な情報を、画像や模型などを用いて体系的に紹介しようとする博物館では、音声、テキスト、画像（静止画・動画）といった多様なメディアを扱える携帯端末装置なども併せて開発・導入されてきました。このように、博物館の性格に応じて、それぞれの展示のなかで音声ガイドやそれと同類の機器が使われています。

ここでは博物館全体を対象として、音声ガイドを中心に、音声再生機能をもつ携帯型の装置について概観していくことにします。なお、特に館の種類を限定する際を除き、ここでは博物館法に基づき美術館、科学館など、すべての種類を含むものとして「博物館」という用語を用います。

A. 音声ガイドの特徴

一般に、音声ガイドは、博物館を訪れるすべての人が利用するものとして考えられてはいません。展示自体は音声ガイドがなくても、それ自体で成立している必要があります。音声ガイドは、それを使うことによって、

展示を観覧する際に利用者の観覧や理解を円滑にしたり、その体験がより充実したものになったりすることをめざして装備される、展示の補助的な役割を果たすものなのです。また音声ガイドには、使用する人だけがその音声を聞くことができるという特徴があり、聞きたいときに何度でも聞き直すこともできます。音声ガイドは極めてパーソナルな装置です。こうした特徴を踏まえ、実際に博物館ではどのように音声ガイドが用いられているのかを見てみましょう。

B. 音声ガイドの実際

音声ガイドは、博物館を訪れるさまざまな利用者が扱いやすいものである必要があります。そのため、その機能や操作方法はシンプルで、直感的に理解でき、初めての人でもすぐに操作できるように工夫されています。

日本で普及してきたタイプは、展示室の各コーナーの解説や主な資料ごとの個別の解説を、音声データにしてあらかじめ装置に内蔵しておき、それを希望者に貸し出すものです。利用者は展示室内でそれを再生して、イヤホンやヘッドホンを通して聞きます。再生の際には、利用者が解説を聞きたいと思うコーナーや資料に付されている番号を入力する方法が一般的です（**図 3.45**）。欧米の音声ガイドは、イヤホンやヘッドホンを用いるものより、装置自体を耳にあてるタイプのものが主流です。

そのほか、赤外線などのセンサーを用いて、そのエリアに入ると利用者が操作しなくても自動的に音声が流れてくるシステム、IC タグの付いた解説シートを利用者がリーダーで読みとって音声を再生させる方法なども用いられてきましたが、一部の利用にとどまっています。

図3.45　音声ガイド装置 [XA-GP3R]
〔写真提供：株式会社 JVC ケンウッド〕

館専用のタブレット端末を貸し出し、音声のみならず静止画や動画、テキストなどにより情報を提供する例も見受けられます。タブレット端末は音声ガイドの装置に比べ、多くの情報を複数の形態で提示することができるため、音声による展示コーナーや資料の解説にとどまらず、観覧コースや施設情報を提示するなど、多様な使い方が可能です。

実例 国立科学博物館の音声ガイド

国立科学博物館では、タブレット端末による展示ガイドが導入されています。博物館で貸し出す専用のタブレット端末で床面のガイド用サインの番号（**図1**）を入力、またはフロアマップ上の番号を選択し、再生した音声を付属のイヤホンで聞くというしくみです。静止画や動画の表示も可能というタブレット端末の特性を活かし、従来の音声による展示解説に加えて、画面でテキストを確認することができるほか、提示されるメニューも、おすすめコースや館のお知らせ、施設案内、PR動画、子ども向けの内容など多岐にわたっています。

図1　床面のガイド用番号サイン〔写真提供：国立科学博物館〕

国立科学博物館では、このタブレット端末による解説（かはくナビ）と併せて、音声ガイド、後述するBYODの手法（利用者の所有している端末を用いること／かはくHANDY GUIDE）の3つの方法を用いながら、展示を体験することができます。

これらのサービスは、日本語のほか、中国語、韓国語でも提供されています（**図2**）。

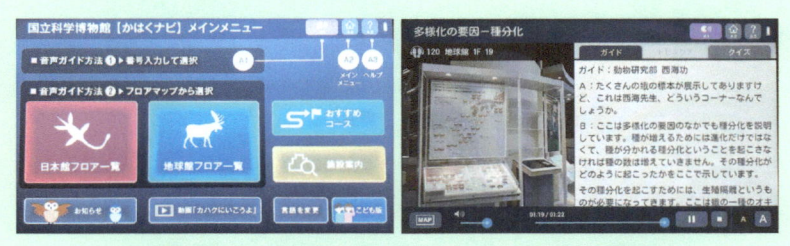

図2　タブレット端末「かはくナビ」による情報の表示
〔資料提供：国立科学博物館〕

C. 音声ガイドのこれから

すでに述べたように音声ガイドは、解説を音声として、館内に限定して提供してきました。タブレット端末などによる多様な情報の表示は、情報機器の多機能化とともにこの延長線上に発展したものといえます。

近年はこうした館側が提供する機器に加えて、利用者自身のスマートホンやタブレット端末が、展示室内における再生装置として利用されるようになっています。この手法は BYOD（Bring Your Own Device）と呼ばれ、広がりを見せています。この背景には、スマートホンなどの普及が進んだことに加え、新型コロナウイルス感染症の蔓延を経て、機器などを他者と共有することに対して、ある種の抵抗感を社会がもったという体験もありそうです。

展示解説などに BYOD の手法を用いる場合、専用アプリケーションのダウンロードを必要とするタイプ（**図 3.46**）と、展示室内に配置された QR コードなどから利用者に直接所定のサイトにアクセスしてもらうタイプとがあります。

前者の専用アプリケーションを用意するタイプは、その開発や維持管理に一定の費用がかかり、どの館でも導入できるものではないでしょう。一

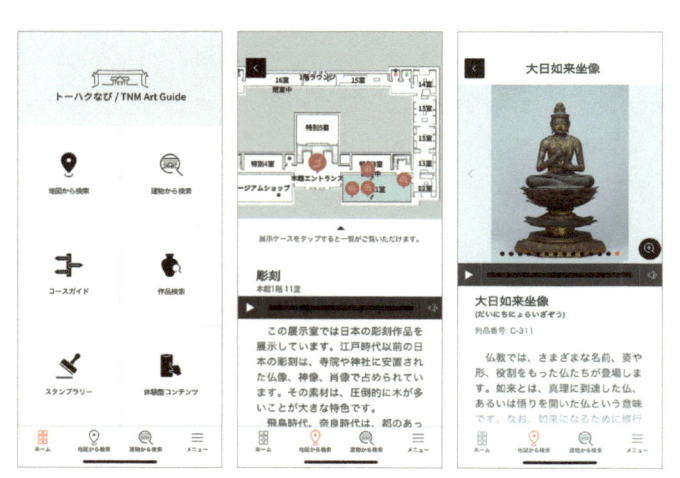

図3.46　専用アプリケーション「トーハクなび」を用いた BYOD の例
〔資料提供：東京国立博物館〕

方、サイトに直接アクセスする後者の方法であれば、昨今ホームページや動画サイトが簡易につくれるようになったこともあり、比較的導入しやすいといえます。このような理由もあって、近年後者のタイプが多く見られるようになってきています。

　BYOD の手法は、館内限定型の音声ガイドに比べ、館側の運営負担を軽減できるという特徴があります。博物館が音声ガイド装置を利用者に貸し出す従来の方式は、複数の機器の用意が必要なうえに、貸し出し・回収・機器の充電や清潔に保つための作業などのメンテナンスに人員を必要とするため、運営の負担という点から導入が進みにくいという欠点もありました。しかし、利用者の所有している機器を使ってコンテンツが再生できれば、博物館側はサイトの準備を考えればよいので、機器に関する運営上の負担を減らすことができます。更新が比較的容易にできるのも利点といえるでしょう。

　スマートホンやタブレット端末は、高質な画像を表示できたり、大容量のデータを扱うことが可能です。そのため、音声だけではなく、テキストや静止画、動画を組み合わせたコンテンツを提供しやすくなっています。また、音声ガイドのコンテンツの細分化も試みられています。例えば、東京国立博物館の特別展「仏像—木にこめられた祈り」[2006 年（平成 18 年）] では、入門者向けと一般向けの 2 種類の音声ガイドがつくられました。国立科学博物館のタブレット端末「かはくナビ」には子ども向けの音声ガイドが、海外移住資料館では BYOD のコンテンツとして、一般用、ジュニア用それぞれに日本語、英語、スペイン語による解説が用意されています。

　このように、従来のコーナー解説や主な展示資料解説のほかにも、コースを選んで博物館を見学できるテーマ別ガイド、主な展示を選んで見ていくハイライト展示のガイド、展示資料から派生するさまざまな詳細情報の紹介、施設案内などを含む利用案内など、そして多言語による展開がスマートホンやタブレット端末の普及によって、より一般的になる可能性があります。

　このほか装置の機能の進展と普及、屋内位置測位やセンシング技術、AR（拡張現実）、MR（複合現実）などの技術の進展で、手法やコンテンツの多

様化がいっそう進むことも考えられます。すでにARなどを用いた情報提供は、さほど特別なものではなくなってきています。スマートホンに比べて画面の大きなタブレット端末は、単なる展示解説のほかにも、体感性や遊びの要素を加えたコンテンツを扱うことに適しており、展示の魅力を向上させることも期待できます。スマートホンやタブレット端末、革新的な技術が、これまでの展示ガイドの機能を拡張していくでしょう。目まぐるしく発達しているAI技術とその普及も、これらに対して影響をもたらすものと思われます。

　一方で、標本資料や作品そのものを鑑賞するには、マルチメディアによる情報提供はかえって妨げになるという考え方もあり、音声ガイドへの根強い支持も見られます。特にタブレット端末は、多様で大量のデータを組み合わせて示すことにも優れているため、情報量が多すぎると、本来の目的である標本資料の観覧を妨げたり、その結果、展示を通して伝えたかったことが曖昧になる恐れもあります。多様なコンテンツの開発や展開は、利用者自身が「使う／使わない」を選べることを保証し、導入目的やコンテンツなどのバランスに配慮しながら進められる必要があるでしょう。

3.9.2 多言語表記

　近年主要な博物館では、展示の解説パネルを中心に、利用者に配布されるパンフレットやリーフレット、施設内のサインや出版物、ホームページに至るまで、多言語を使った表記が行われるようになっています。ここでは、博物館展示において、多言語表記がどのように行われているのかを見ていきましょう。

A. 博物館における多言語表記

　博物館では、日本語以外を母語とする居住者や外国人観光客などの利用が増えるにしたがって、そうした人々が展示の意図や内容を十分に理解できるよう、展示室内の展示解説において、多言語表記を採用してきました。現在、主要な博物館では、日本語に加えて英語、中国語、韓国語の併記が一般的になっています。多言語表記においてどの言語を採用するかは、博物館によっても異なります。その博物館の理念や設置目的、博物館

の利用者として予想・期待される人々がどの言語を多く利用しているのか、といったことを考慮して言語を選択するため、展示テーマの特性や地域性（博物館の所在地）によって違いが出ます。

B. 多言語表記の特性

　展示のなかでは、サインや解説パネルを中心として、映像のテロップ、情報検索装置の解説表記など、文字による表現や伝達を必要とするさまざまなものに、多言語表記が用いられます。しかし、展示空間には物理的な限界があり、伝えたい情報のすべてを多言語によって表記することはできません。そのため、多くの博物館では、サインや解説のタイプ、解説パネル内の表記すべき項目（タイトル、本文などの種類）に応じて、使用する言語の数や、解説文の文字量などに差をつけて、展示室のスペース上の限界をカバーしています。さらに、空間の制約上多言語による表示が難しい解説文などについては、展示室内に言語別の解説シート（持ち帰り／展示室内での利用）を用意し、日本語以外の言語にも対応する工夫が行われてきました。

実例　広島平和記念資料館と長崎原爆資料館

　広島平和記念資料館は、平和教育の拠点として、世界中から見学者がやってきます。そのため、以前から多言語表記を含めた多言語による解説に力を入れてきました。現在では、展示室のサイン、解説パネル（タイトル・本文）、キャプションは、日本語と英語の2か国語が用いられています。音声ガイドは日本語を含めた15か国語（①日本語・②英語・③中国語・④韓国語・⑤フランス語・⑥スペイン語・⑦ポルトガル語・⑧ドイツ語・⑨イタリア語・⑩ロシア語・⑪タイ

語・⑫アラビア語・⑬インドネシア語・⑭フィリピン語・⑮ウクライナ語）の解説を用意し、展示を補完しています。

　一方、長崎原爆資料館の常設展示「核兵器のない世界」では、大項目解説パネルのタイトル・本文、キャプションについて、4か国語（日本語・英語・中国語・韓国語）が用いられています（**図**）。

(A)
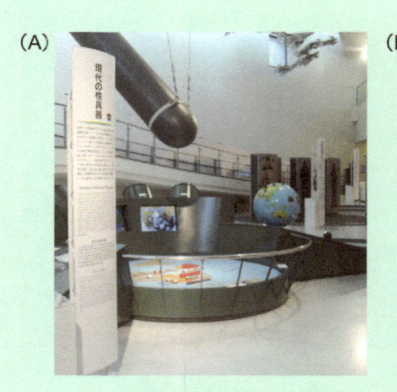

(B)
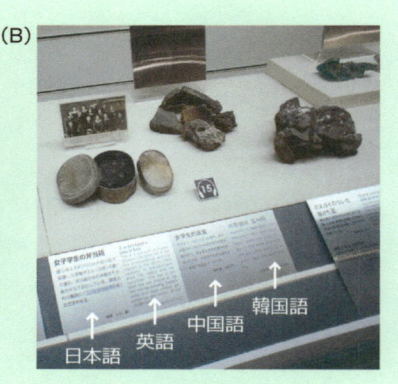

図　**長崎原爆資料館の解説パネル**〔写真提供：長崎原爆資料館〕

実例 JICA横浜 海外移住資料館

　海外移住資料館では日本人の海外移住の歴史や移住者の暮らし、日系人の現在について展示を行っています。日本人移住者の多くが北米や中南米の英語・スペイン語・ポルトガル語圏に移住したこと、その子孫を含む関係者への利用が多く見込まれることなどから、この資料館では展示の多言語表記に、日本語・英語・ポルトガル語・スペイン語を用いています（**図**）。ただし、掲載スペースの制限から、4か国語を使用するのはサインと解説パネルのタイトルに限定し、本文は日本語と英語の2か国語の表記にとどめられています。

戦前の北米移住

Japanese Overseas Migration to North America before World War II
La migración antes de la Segunda Guerra - América del Norte
A migração no periodo Pré Segunda Guerra - América do Norte

← 日本語のタイトル
← 英語のタイトル
← スペイン語のタイトル
← ポルトガル語のタイトル

日本語の解説

英語の解説

図　海外移住資料館の解説パネル〔資料提供：海外移住資料館〕

C. 基本的機能としての多言語表記

　展示室内における多言語表記は、日本語以外を母語とする人々の博物館利用を促進して集客を上げる点からも必要と考えられるようになってきました。例えば2008年（平成20年）度には、観光庁による「博物館における外国人見学者の受入れ体制に関する現状把握調査」が実施され、外国人観光客の視点から見た利用しやすい博物館について、多言語表記に関しても事例に基づいた検証が行われています。近年、在留外国人の数が増えていることを考えると、日本語以外を母語とする利用者にも理解しやすい展示づくりを行うため、多言語表記は博物館が備えるべき基本的な機能として捉える必要があるといえます。

3.9.3 音声ガイドと多言語表記のこれから

　ここまで音声ガイドと多言語表記について述べてきましたが、音声ガイドの機能を考えるとき、その特性と多言語表記が密接に関係していることに気づかされます。例えば、先に事例として紹介したように、広島平和記念資料館の音声ガイドは、日本語を含めた15か国語に対応しています。展示空間には限りがあるため、解説パネルで15か国語による解説文を併記し、等しく利用しやすいものにすることは極めて難しいでしょう。しかし、音声ガイドであればそれが実現できます。音声ガイドによる多言語解説は、まさにその装置の特性を活かした例といえます。このように、博物館の機能の充実を図るときに、音声ガイドと多言語表記への対応は、一体的に考えていく必要があります。また、音声ガイドに限らず、タブレット端末やBYODの手法を導入した展示ガイドの機能は、障がいをもつ人々の博物館利用を促し、支援するものとしても期待されます。例えば、東京都現代美術館や東京都写真美術館をはじめとする各館では、手話による解説動画がつくられています。このように、インクルーシブデザインの観点からも、展示ガイドの機能を拡張する試みがはじまっています。

〈参考文献〉
1)　加藤修子：博物館のサウンドスケープ・デザインにおける「音声ガイド」の考察，文化情報学，駿河台大学文化情報学部紀要，**16**(2)，1-19（2009）
2)　佐々木秀彦：博物館における多言語対応―なにを、どこまで、どうやって，全科協News，**49**(5)，2-4（2019）

〈参考 Web サイト〉
1)　広島平和記念資料館　ガイド　音声ガイドの貸出：
http://hpmmuseum.jp/modules/info/index.php?action=PageView&page_id=6
2)　海外移住資料館　音声ガイド：
http://www.jica.go.jp/domestic/jomm/audioguide/menu.html
3)　国立科学博物館　アクセス・利用案内　各種ガイド等・かはくたんけん隊：
http://www.kahaku.go.jp/userguide/access/id/

4） 東京国立博物館　鑑賞ガイドアプリ：

http://www.tnm.jp/modules/r_free_page/index.php?id=2069

5） 東京都現代美術館　「あ、共感とかじゃなくて。」：

http://www.mot-art-museum.jp/exhibitions/empathy/

6） 東京都写真美術館　News 手話による展覧会解説動画の配信を開始しま
した：

http://topmuseum.jp/contents/new_info/index-4724.html

3.10 対面式の展示解説

展示解説は、見学者が展示内容をさらに深く理解するために効果的かつ一般的な方法のひとつです。近年増加しているボランティア解説員の運用も含め、実施にあたってどのような点に注意が必要なのでしょうか。

3.10.1 対面式の展示解説の目的

展示内容を来館者に理解してもらうためには、展示資料そのものといっしょに資料を解説する文字・図版のパネルや映像を用いることが第一の手段であることは言うまでもありません。常設展示であれ、特別展や企画展であれ、ほとんどの見学者は展示資料を見、そして解説を読んで理解します。しかし、必ずしも制作者が意図した内容で正確に受けとるとは限りません。そもそも、文字数やスペースの問題があり、文字や図表で示すことができる情報量は限られています。一方、口頭で行う展示解説は、時間の制約はありますが、話し手が見学者の反応を見ながら伝えたいポイントを示すことで、より深い理解を促すことができる点で有効な方法です。また、事前に実施を告知することにより、その博物館で展示している分野に関心の高い見学者が参加し、質疑応答なども含めた高いレベルの要望に応えることができます。

展示解説には多くの人手が必要であり、開館中恒常的に実施できるわけではなく、また来館者すべてに対して行えるサービスでもありません。高い学習効果が期待できますが、あくまでも補助的な手段であることを認識しておくべきでしょう。

3.10.2 対面式の展示解説の実際

展示解説には、学芸員をはじめとするスタッフが対面式で口頭で行うもの（**図 3.47**）と、機器により録音した音声を再生するものがあります（3.9

図3.47　対面式の展示解説の実施風景（特別展）〔写真提供：明治大学博物館〕

節参照）。機器による解説は、希望する見学者が自分のペースで、また同時に何人でも（専用機器の数や個人所有のデバイスの有無による制限はある）解説を聞くことができる点ですぐれた方法であるといえます。かつては専用の機器が必要でしたが、近年はスマートホンなどの解説用アプリが普及し、手軽に実施できるようになりました。しかし、録画の再生であるため、双方向のやりとりはできません。参加者の反応を見ながら柔軟に話の内容を変えたり、質問を受けて答えるといったことが可能な点においては、対面式がすぐれているといえます。

A. 展示全体を対象とした解説

　常設展示や特別展・企画展を対象とした展示解説です。事前申し込みがあった団体や、開催日時をあらかじめ設定・告知しておいて集まった希望者に対して行います。解説者1名あたり20〜30名の見学者を受けもち、30〜60分程度で展示全体を解説します。人数が多く、展示室に参加者が入りきらない場合は、ホールなどで映像機器を使用して行う場合もあります。展示全体を解説するので、その目的や背景を交えながら重要なポイントをバランスよく取り上げることが求められます。学芸員のほか、解説専門のスタッフやボランティアが担当することもあり、限られた時間で多くの見学者にパネルで解説されている以上の情報を提供できるという点で有効な方法といえます。

　しかし、参加者が多くなると、前方の参加者に視線を遮られ、展示資料が見えにくくなるという点や、参加者個人の関心の方向性が大きく異なる

図3.48 ギャラリートークの実施風景〔写真提供：明治大学博物館〕

場合には、熱心に聞く参加者と、そうではない参加者に分かれてしまうという欠点もあります。前方と後方の参加者を入れ替える、反応を見ながら関心をひきそうな内容を加えるなど、適宜工夫して対応しましょう。

B. 特定のテーマを掘り下げる「ギャラリートーク」

展示の特定のコーナーや一部の資料について詳しくとり上げるのがギャラリートークです（**図3.48**）。内容が専門的であるため、一般的には学芸員が担当し、60 〜 90 分ほどのやや長い時間で行います。展示資料以外の補足説明を加えたり、長時間にわたることがあるため、配布資料や参加者用の椅子を用意する場合もあります。ギャラリートークで扱う分野への関心が高い方たちが参加するので、希望者にとって限られた機会を逃すことのないよう、少なくとも 1 〜 2 か月前から印刷物のほか、ホームページやSNS も活用して広い範囲で告知するように努めましょう。

3.10.3 展示解説を行う際のポイント

展示解説を行ううえで重要なのは、聞き手の側に立った伝え方を心がけることです。話すスピードや声の大きさはもちろん、聞き手の年齢層、関心がある分野、時間（要望どおりの時間内に収める）を事前によく理解し、適切な言葉と内容を選ぶ必要があります。また、実際に展示室内で解説する場合は、見る側からの妨げにならない立ち位置や、動線の誘導方法にも気を配ります。示す資料を的確に理解してもらうため、指し棒やレーザー

ポインターも活用したいアイテムです。限られた時間のなかで、より多くのことを理解してもらうという意識をもつことが大切です。

　展示解説でしばしば問題になるのが参加者からの質問です。その都度回答することで、単調になりかねない話の流れにアクセントを加える効果があります。その反面、質問が多く出すぎると流れが止まってしまい、予定していた時間を超過する恐れも出てきます。質問が多い場合は、最後に時間を設けてまとめて答えるなど、状況に応じてコントロールしましょう。あくまで話し手が主導して進行することが重要です。

実例　団体見学の展示解説

　明治大学博物館での実例を紹介します。旅行会社が企画した千代田区内の史跡見学イベントに参加した方々に学芸員が解説を行うケースを紹介します。参加人数は 15 名、見学時間は 60 分、年齢層は 60 代が中心です。常設展示室のみ解説の要望があり、重点分野の希望はありません。まず、解説および見学時間を参加者全員に伝えます。予定時間を見学者が把握することで集中力が高まり、さらにトイレに行くタイミングなどの判断も各自で行えるようにするためです。

　旅行会社と事前に協議したうえで、今回は解説時間を 30 分、自由見学時間は 30 分とします。自由見学時間が多めなのは、希望者が企画展などを見る時間を確保するためであり、そう何度も訪れる機会がない方々に時間を有効に使い、可能な限り博物館を見学してもらうねらいがあります。

　展示室前のエントランスで常設展示案内のリーフレットを配布して館の概要を 5 分程度で説明してから常設展示室へ移動します。これは、展示室に入ると展示に目を奪われてしまい、話す内容への注意が減るためです。常設展示室は内容ごとに 3 つのエリアに分かれているので、展示内容のボリュームに合わせ、それぞれ 5 分、10 分、10 分で説明します。刑事部門ではギロチンのレプリカや江戸時代の拷問器具、考古部門では岩宿遺跡出土石器をはじめとする国指定重要文化財など、特に注目すべきポイントを選んでとり上げます。時間が限られ

ていますが、年齢層を考慮してゆっくり、はっきりとした話し方を心がけ、早口にならないよう注意します。また専門用語は使わず、高校生が理解できる程度の言葉や言い回しに換えることも大切です。そのため、説明できる内容は展示内容の2～3割程度ですが、内容を絞ってでも聞き手が確実に理解することを優先するべきでしょう。

　展示解説は展示物を見ながら説明できるのが最大の利点です。遠い場所やガラス越しでも展示物をさすことができるレーザーポインターを使って、展示物に即した解説を行います。その際、ポインターの光はゆっくりと動かす、見学者の視線をさえぎらない場所（ケースの端など）に立つなどの配慮も必要です。特に立ち位置は重要で、話し手は常に先導するか、あるいは手で次に進む展示場所の方向を示すなど、自らが動くことで団体のスムーズな移動と解説の進行が可能になります。そのためには、話し手があらかじめ展示内容を十分に把握し、話す順番と動線をイメージしておくことが大切です。

　時間内に終わるように解説を収め、延長は避けます。特に団体は次のスケジュールがあるので、時間が超過すれば迷惑をかけることになります。聞き手の集中力も下がるため、移動の合間などに時計を確認して必ず設定時間内に終わるよう意識しましょう。要望があれば質問を受け付ける時間を設けますが、他の展示を見たい方もいるので、一度終了して自由見学時間としてから個別に質問を受け付けるほうがよいでしょう。

実例　明治大学博物館における展示解説

　明治大学博物館では、学芸員と博物館友の会のボランティア（以下、展示解説ボランティアという）による展示解説を実施しています。年間7万人程度の入館者がありますが、4名の学芸員ではすべての展示解説の要望に応えきれません。展示解説ボランティアによって多数のグループや団体、個人への対応が可能になっており、運営の大きな支えになっています。展示解説は大きく分けて、日常的に行って

いる常設展示室の解説（**A**）と、特別展や企画展、常設展内の数ケースを使って短期間に行うコラム展を行う際にあらかじめ日時を設定して実施する解説（**B**. 明治大学博物館ではこちらをギャラリートークと呼んで区別しています）の2つがあります。

A. 常設展示室の展示解説

　事前に申し込みがあった見学団体に対して学芸員または展示解説ボランティアが実施するものと、特定の曜日に展示室に待機する展示解説ボランティアが希望者に対して行う予約不要ものがあります。

　前者の場合は、団体見学の申し込みがあった際に展示解説の希望の有無を確認し、要望があった場合のみ学芸員または展示解説ボランティアが解説を行います。特に中・高生の調べ学習や、大学のゼミ・研究者団体など専門分野に特化した解説を希望する場合は学芸員が対応し、それ以外は展示解説ボランティアが対応します。解説担当者は事前に見学にかけられる時間を申込受付時に確認しておき、展示解説はその約70〜80％の時間で行い、残りは自由見学時間にあてます。展示室のスペース上、解説担当者1名につき見学者は20名が限界なので、それ以上の人数がいるときは複数の担当者で対応し、見学者を数グループに分割して動線が混乱しないようルートを分けて解説します。見学時間は60〜90分であることが多いので、解説時間はおおむね40〜70分となります。

　後者の展示解説は、毎週月・火・木・金曜に当番制で常設展示室内に2〜3名のボランティアが待機し、個人・グループを問わず希望者に解説を行うものです。少人数で対話も交えながらじっくりと解説するため、来館者が関心をもつ部分をより深く扱うことが可能です。ボランティアの在席コーナーには着用可能な古墳時代の短甲レプリカや、黒曜石による石器の切れ味体験、縄と粘土を使って縄文土器の文様をつける実験道具が用意されており、展示解説ボランティアのレクチャーでハンズオン学習もできるようになっています（**図**）。来館者からしばしば感謝のコメントが寄せられており、潜在的なニーズを掘り起こすだけではなく、学芸員だけでは対応しきれない部分のフォローに大きく貢献しています。

図　ハンズオン学習用の教材〔写真提供：明治大学博物館〕

B.　ギャラリートーク

　特別展・企画展・コラム展の開催時に実施しています。特別展や企画展の際には、会期中の数日を設定します。あらかじめ実施時間帯を決め、1日あたり1回行うのが通例ですが、多くの参加者が予想される場合には1日に複数回実施することもあります。外部団体が主催する企画展についても、主催者には可能な限り実施するようにお願いしています。コラム展の解説は展示解説ボランティアに対する講習も兼ねているため、対象は友の会会員に限定しています。いずれも、展示を企画した担当者が30〜60分程度で解説し、参加者は20名程度です。

3.10.4　ボランティアによる展示解説

　博物館学芸員の不足と業務の多様化、また生涯学習への関心の高まりに伴い、展示解説に携わるボランティアの数が増えています（次ページ実例内の**図**）。特に、スタッフの人数が限られている小規模な施設では、ボランティアが担う展示解説の比重は高く、施設の運営上重要な存在となっています。

　学習意欲があり、意識が高い方々が主な担い手になりますが、博物館側の姿勢として大切なのは、ボランティアに任せ切りにするのではなく、博物館の理念や考え方を十分理解してもらったうえで、博物館のスタッフの

一員として活動に参加してもらうことを心がける点です。来館者にとっては、学芸員でもボランティアでも、博物館の考え方を代弁する展示解説スタッフにかわりはありません。誤解を生じさせないためにも、展示解説の内容が展示の主旨から逸脱することがないよう、ボランティアに対する研修やボランティアから質問や要望があった場合に迅速に対応するといったフォローを博物館がこまめに行い、博物館の考え方を十分に伝えて共有することが重要です。

実例　友の会による展示解説ボランティア

　前身である「明治大学考古学博物館友の会」の有志により 1998 年（平成 10 年）からはじまったもので、約 30 名のメンバーで構成されています（2023 年度）。希望者は初年度に博物館による全 12 回の講習を受講する必要がありますが、それ以外は各自の学びを活かした解説を実施しています。そのほか発災時に来館者を誘導する避難経路のレクチャーや、メンバーからの要望をもとにしたフォローアップ研修をそれぞれ年 1 回行って、非常時への備えや解説のスキルアップに努めています。

図　明治大学博物館友の会のボランティアによる展示解説
〔写真提供：明治大学博物館〕

〈参考文献〉

1) 大塚和義, 矢島國雄 編著：教育と博物館, 博物館学Ⅱ, 放送大学教育振興会 (1991)

2) 大堀哲, 水嶋英治 編著：博物館学Ⅱ—博物館展示論＊博物館教育論, 学文社 (2012)

3) 倉田公裕, 矢島國雄：博物館教育論, 新編 博物館学, 東京堂出版 (1997)

3.11 広報のための　デザイン

　博物館で展示を担当する学芸員は、その制作に全力でとりくむのが常ですが、それだけ力を入れて展示をつくっても、それを広報しなければ多くの人に見ていただくことはできません。そのために宣伝として、ポスターやチラシ、最近ではホームページなどを利用した広報が盛んに行われています。しかし、そうした広報の媒体にも魅力あるデザインがなされていなければ、展示の魅力を十分に伝えることができません。ここでは魅力的な広報デザインについて解説します。

3.11.1 博物館の広報の意義

　博物館は自治体が税金を用いて運営している場合が多く、かつ、利潤を追求する組織ではないために積極的な集客を行っていません。しかし多くの人に来館してもらうことは博物館の「教育普及活動」という役割として大切なことです。

　公立博物館であっても利益を出し、その収益を集客のために投資したり、展示のクオリティを上げるために使うなど、ミュージアムマネジメントの意識をもつ必要があります。

3.11.2 新規来館者を集客する方法

　集客にはコストがかかります。多額な経費をかけずに確実に集客するためには、インターネットを中心にした広報活動が重要です。最近では情報を集めるために、まずインターネットから情報を得ようとする人々が多いので、紙媒体よりも情報が届きやすいメディアです。

A. ホームページ

　博物館のホームページでは展示物の魅力や学術的な解説、展示内容の紹介などをわかりやすく、そして親しみやすくアピールし、見る人に「博物

館へ行ってみたいな」と思わせることが必要です。そのためにはコンテンツに加えてデザインも重要になってきます。コストを抑えるために学芸員が自分でつくったために、見栄えのしないホームページを公開してしまったとしたら、そんなホームページを見てその博物館へ行ってみたいと思うでしょうか？ ホームページの印象が博物館そのものの印象になってしまいますので、ホームページの制作には予算を組んで、プロのデザイナーに依頼をするべきです。

来館を促すためには展示内容を魅力的に伝える必要があります。知的好奇心をくすぐるような、行ってみたいと思わせるような期待させるものでなければきてくれません。展示の魅力を伝える効果的な切り口と、それをうまく表現するコピーとデザインが重要です。

ホームページは集客の核となる媒体です。Facebook にしてもチラシにしても、そこから最終的にはホームページを見てもらい、ホームページを見たら来館したくなる、という流れを構築することが大切です。その場合チラシのデザインとホームページのデザインとが連動していなければなりません。

ホームページを見てもらうためには SEO（Search Engine Optimization）と呼ばれる検索エンジン最適化が必要です。検索しても検索結果のトップページに上がってこなければ、クリック率は1％台といわれています。SEO で重要視されるのはホームページのコンテンツの質と量です。人々に役立つ内容で、かつキーワードを含む文章を用いて、なるべくたくさんのページ数で構成されたホームページが評価を受けて上位に上がる傾向があります。詳しくは、SEO の専門書を参照してください。

B. ポータルサイトへの登録

ポータルサイトを利用してインターネットで博物館を探す場合があります。全国の博物館が登録されていて、テーマによって検索することができます。ここに登録しておくことは必須でしょう。

C. プレスリリース

プレスリリース（PR）とは、さまざまなメディアに記事としてとり上げてもらうための活動です。記事にとり上げてもらうと、広告費をかけずにかつ信頼性の高い情報として扱われるので、集客に効果的です。記事に取り上げてもらいやすいプレスリリースを書くには、「社会的に有益な内容

であるか」「人々が求めているものか」「新しいものであるか」などがポイントになります。

D. SNS（Social Networking Service）

Facebook、X（旧Twitter）、Instagram、ブログなどの個人と個人を結ぶソーシャルネットワーキングサービス（SNS）を利用することも主流になってきています。SNSがなかった時代は来館者の個人的な意見や要望は知るすべがありませんでしたが、SNSを通じて個人の意見や要望を聞きとりやすくなりました。SNSを効果的に利用すれば、今までのような大衆に向けた一方的なコミュニケーションから、個人に向けた双方向のコミュニケーションが可能になり、伝えたいことを広くそして深く浸透させることができるようになりました。SNSで話題になったり、口コミされるためには発信する情報がユニークで役に立つもの、魅力的なものであることが必要になります。ブログで博物館の裏側を見せたり、学芸員スタッフの紹介や苦労話などのエピソードを紹介したり、親しみを得られるようなコンテンツを用意するのもよいでしょう。情報発信の頻度もある程度多くなければなりません。

E. チラシ

チラシは大量に印刷することにより広く告知できる媒体です。手にとった瞬間に心をつかみ、注目し、関心をもってもらうためには、「行きたくなる」理由が書かれている必要があります。それに続いてホームページにきてもらって詳しい情報を与えることで、よりたくさんの人に来館してもらえるようなしくみにします。

F. ポスターや車内吊りなどの交通広告

街中や建物内で、歩いている人にポスターを見てもらえるチャンスは一瞬ですので、一目で関心をもってもらうことが必要です。ポスターでは詳細な情報が伝えられないため、興味を示してもらえたらホームページにきてもらい、より詳しい情報を与え、来館してもらうようにすることはほかの媒体と同じです。ホームページで検索してもらうためにURLを掲載するのではなく、必ず1ページ目の上位に上がる検索キーワードを用意して、表記してください。そのためにはSEOの研究も必要になります。

3.11.3 来館者に対する広報

A. 友の会会員用ツール

リピートしてくれる来館者を増やすことも重要です。リピートする人には集客コストがかかりませんし、友の会会員となれば年会費を徴収できるので経営的にも利点があります。会員になるメリットとして、入館料の割引と情報提供が挙げられるでしょう。リピートしてもらうためには会員に限定したサービスを用意し、博物館のファンになってもらえるよう、定期的な情報配信も必要です。

◆会報誌

会員しか参加できないセミナーやイベント、会員だけが読める読み物などを発信します。

◆会員用ホームページ

博物館のホームページに会員専用のページを設け、会員になるメリットや特別感を与えます。常にコミュニケーションをとりながら、会員の期待に応えていかなくてはなりません。

◆会員カード、ガイドブック

会員であることが嬉しいと思わせるようなデザイン性の高いものを作成します。会員であることの「特別感」の演出は、会員の連帯感を育てます。

B. ワークショップ、イベント用のツール

ワークショップやイベントは、人をたくさん集めることができるよい機会です。ワークショップをより楽しく、わかりやすいものにするために、案内パンフレットやレジュメに関しても、文字だけの書類ではなく、きちんとデザインされたものが必要です。来館の記念や資料になるものですから、捨てられないようなものにする必要があります。

3.11.4 博物館のブランディング

　博物館の広報活動では、博物館そのものの存在をアピールすることも重要です。ブランディングとは、企業が自社の価値を高めるために行う活動で、企業の特徴や競合他社との差別化を明示することです。ブランドを構築することにより、顧客の関心を高め、信頼関係を深めていき、訴求力を向上させることができます。この考え方は博物館の経営においても必要であり、ほかの博物館との差別化を図り、その地域における「ミュージアム・アイデンティティ」を確立していくことが重要です。

　ブランドをもつことは個性をもち、差別化を図り、ユニークな存在になるということです。どの博物館も皆同じようなものということでは、来館する理由も見つかりません。個性があればこそファンもついてくるし、会員やリピーターも増えてくるのです。

　そのためには企業がコーポレート・アイデンティティを行うように、博物館のシンボルマークや、名刺、封筒などのステーショナリーのデザイン、施設のサインデザインや建築、ファサードデザイン、広報、広告のデザインフォーマットを統一するなどの「ミュージアム・アイデンティティ」のデザインが必要です。独自のイメージづくりをし、特徴をアピールし、差別化を図ります。

　さらには、おもしろく、有益な情報発信を続けていき、リピーターやファンを増やしていきます。話題性のある時代に即したテーマなど、独自の視点をもつユニークな企画展示を企画し、広く広報していくことも重要です。理想的なのは、展示デザインと集客、広報のデザインとミュージアム・アイデンティティのデザインをすべて俯瞰して管理してもらうアートディレクターという役割の人をたてることが理想的です。

〈参考 Web サイト〉

1)　ノイエ：https://www.noiedesign.com/service/musedesign.html

実例 宮川香山 眞葛ミュージアムの集客ツール

　この博物館は明治時代の陶芸家、宮川香山の陶芸作品を展示している、横浜市にあるミュージアムです。

　ブランドイメージは「和風」で、かつ「グローバル」「上質」「精緻」「高級感」のキーワードでミュージアム・アイデンティティをデザインしています。すべての集客ツールにテーマカラーの藤色とグレーを効果的に使用して、統一感を出しています。

◆シンボルマーク
宮川香山が横浜太田村字富士山下（現在の南区庚台6番地）に眞葛窯を開窯したことにちなみ、Makuzuの頭文字のMを富士山の形に表現した。

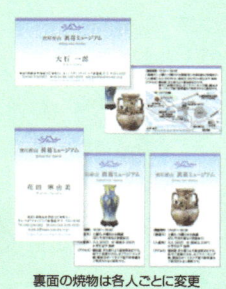

◆名刺
紙質を上質なものにし、高級感を演出している。裏面には作品の写真と解説を入れて、名刺をもらう人が楽しめるようになっている。

裏面の焼物は各人ごとに変更

◆封筒
テーマカラーの藤色と唐草のパターンを効果的に使用し、個性を出している。

http://kozan-makuzu.com/

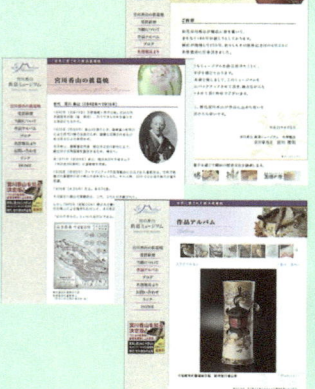

◆ホームページ
眞葛焼のイメージに合った高級感があり、上品なホームページ。コンテンツも充実させ、来館への期待感を高めている。

◆ファサードデザイン
テーマカラーの藤色とグレーを基調に、唐草模様のパターンを展開した上品な外観。集客ツールと同じイメージで統一されている。

◆チラシ
ポスターと同じイメージにし、横浜市内の自治体の施設やカフェなどに置いていただいた。

◆雑誌広告
ポスターと同じイメージで黒を背景に余白を広くとり、高級で精緻なイメージにしている。

◆チケット
紙質に凝り、上質なイメージを出している。お客様によって4種類の陶器の作品の写真を変えて、楽しさを演出している。

◆開館告知のポスター
黒を背景に、精緻な高浮彫（右）とそれとはまったく作風が異なる晩年の釉下彩（左）の2つの代表的な陶器を並べ、インパクトを出したデザインです。

3.12 展示図録

展示に関連する印刷物のうち、主に写真図版を用いて内容や展示資料を解説した冊子を展示図録と呼んでいます（図3.49）。展示の性格によって編集方針が異なります。資料や作品自体を提示する美術系の展示では「カタログ」「作品集」の色合いの強い展示図録となり、資料を通じてわかるさまざまな事柄を説明しようとする歴史系の展示では「解説書」「ガイドブック」と呼んだほうがふさわしい展示図録になる傾向があります。

3.12.1 展示図録の役割

A. 展示と展示図録

「決まった場所で開催される」という特性をもつ展示は、当然のことですが、その場所以外では見ることができません。会期のある特別展や企画展では、閉会後には観覧することもできなくなります。展示図録とは、実際の展示とは異なる場所で、異なる時間に、展示を追体験できるメディアだといえるでしょう。

利用者の立場からは、展示をより深く理解するための参考書となり、展示という持ち帰ることのできないことの記念品となります。企画者の立場

図3.49　いろいろな展示図録

からは、消えてしまう展示の記録となり、より詳しい解説を付すことにより展示を補完できるツールとなります。

B. 展示の種別と展示図録の性格

博物館の展示には、資料そのものを見せようとする提示型展示と、資料を通じてわかるさまざまな事柄を説明しようとする説示型展示があります。美術系の展示では前者の要素が強い展示となり、歴史・民俗系や自然系博物館などの展示では後者の要素が強くなります（3.8.4 項参照）。このような展示の性格の違いによって、展示図録の性格も変わってきます。

提示型展示（美術系）の展示図録では、出品資料を個別の写真図版で掲載し、基本データ（作品名、作者名、制作年、素材と寸法、作者の署名、所蔵、来歴、文献など）を付し、その資料（作品）の解説・解題をつけるカタログ・レゾネに通じる方法が一般的となっています。

> **基本用語　カタログ・レゾネ**
>
> ある芸術家の全作品のデータを収録した出版物を「カタログ・レゾネ」といいます。作品の図版、タイトル、制作された年、素材・技法、寸法、署名の有無（あればどのような署名か）作品解題、来歴、展示などへの出品歴、文献への引用歴などのデータを収めたものをさします。

一方、説示型展示（歴史・民俗系）の展示図録では、展示資料を何らかの理由に基づいてグルーピングして撮影した集合写真を用いたり、その資料のもつ情報を補完するような図版（例えば考古資料の場合、その出土状況写真や出土した遺跡の位置図、民族誌資料であれば使用状況写真など）を併用して、資料そのものだけではなく、背景にある事情や資料から読みとることのできる事柄を解説する方法が多いようです。

3.12.2 展示図録の制作

A. 展示図録制作のプロセス

展示図録の制作は、

予算　　展示全体の経費のうち、どれだけを展示図録に使うことができるのか

編集方針　どのような展示図録を制作するのか

の2点を検討することからはじまります。

この両者のバランスを勘案して、判型（A4 判とか B5 判といった大きさ）、ページ数、印刷用紙（本文、表紙、見返しなど）、印刷方式（全ページカラー印刷にするか、一部を単色印刷にするか、印刷の精度など）、製本方法、印刷部数、入稿（印刷会社に原稿を渡すこと）方法などの仕様を決めます。

　入稿までの工程は、おおよそ以下の①〜⑦のようです（**図 3.50**）。実際には各工程のかなりの部分は、作業量の疎密はあるものの複数の工程が重なって同時並行で進めることが多くなります。

① 展示構成に従った展示図録構成案の作成

　展示と比べて自由度が高い印刷物では、いろいろな試みができますが、図録はあくまでも展示に伴うものであり、展示を補完するものなので、展示の趣旨・構成に沿う内容とすることが望ましいでしょう。

② 写真や図版の見せ方と解説の方法や分量など編集方針の決定

　3.12.1 項 B で述べたように、展示の種別によって編集の方向性はある程度決まってくるでしょう。しかし、それは厳密なものではないので、それぞれの展示に応じて、その展示が理解しやすくなる図録を制作するようにしたいものです。例えば、通常であれば説示型指向が強くなる考古資料の展示であっても、原始美術的な視点でとり上げる場合には、細部まで観察できるサイズの写真を 1 点ずつ掲載することになるでしょうし、逆に提示型指向の強い絵画資料であっても、それを歴史資料としてとり上げるときには、1 点の作品としてではなく、文書や記録などほかの資料と同じページにレイアウトされることもあるでしょう。

③ フォーマット作成

　フォーマットは「ページの設計図」です。編集方針に基づいてフォーマットを決めますが、最終的にはレイアウト作業（⑥）を進めながら修正を加えて完成させます。1 冊の本でいくつかのフォーマットを併用することもあります。

④ 台割作成

　台割は掲載する内容をページごとに割りふる「印刷物の設計図」です。全体の構成を見渡すことができるので、原稿類のチェックにも有用です。

⑤ 文字原稿や写真などの原稿類作成と収集

写真図版（必要であれば著作権関係の手続きを含む）と、解説や論考などの文字原稿の原稿類の準備はできるだけ早い時期にはじめたほうがよいでしょう。

⑥ レイアウト作業

　原稿類を収集（⑤）しつつ、レイアウトを進めていきます。

⑦ 印刷会社へ入稿

　原稿類がそろい、レイアウトが確定したら、印刷会社に入稿します。

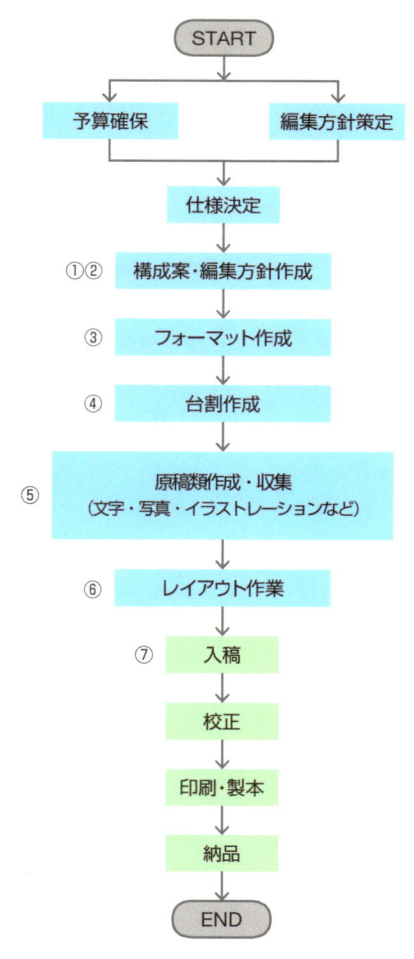

図3.50　展示図録制作のプロセス

各工程に必要な期間は、仕様によっても変わりますが、おおよその目安は、

- 文字原稿執筆と写真・図版類の手配（新規撮影、借用など）といった原稿類作成・収集期間：2〜3か月以上
- レイアウト期間　　　：1か月以上
- 印刷会社への入稿から納品までの期間（通常の4色印刷、ソフトカバーで無線綴じ、100ページ前後の場合。特殊な印刷方法や製本をする場合は事前に印刷会社と打ち合わせておかなければなりません）
　　　　　　　　　　　　：1か月以上

です。これらの工程は同時進行の部分もかなりあるので、必ずしも全部を合計した期間がかかるわけではありませんが、できるだけ早く準備をはじめたほうがよいことはいうまでもないでしょう。

　展示図録も一般の書籍の制作方法と変わりません。書籍の制作やレイアウトなどについては、多くの教科書・参考書が出版されていますので参照してください。

B. 展示図録の構成

　展示図録の構成に厳格なルールはありませんが、おおむね以下のような構成のものが多いようです（表紙・裏表紙・見返しなどは省略）。

① 中表紙
② 目次・凡例・主催者あいさつ
③ 謝辞・展示情報など
④ 概説　　　　（展示全体の概説）
⑤ 関連図版　　（地図・年表など）
⑥ 図版　　　　（展示の構成に従って章立てします。章および章以下を細分する項目の冒頭に、その解説を掲載します。資料の写真図版とともにその解説や関連情報などを記載します）
⑦ 論考・解説（個別テーマの内容）
⑧ 参考文献
⑨ 展示資料リスト
⑩ 奥付

　③および⑤は、⑦の次に配置する場合も少なくありません。展示図録の内容は、⑥の図版、および④概説と⑦論考・解説の文章が中心となります。

　著作権が制限される事例のひとつとして、「美術の著作物等の展示に伴う複製」（著作権法[※]第四十七条）があり、「（一部省略）美術または写真の著作物を公に展示する者は、観覧者のためにこれらの著作物の解説若しくは紹介をすることを目的とする小冊子にこれらの著作物を掲載することができる」とあります。展示図録はここでいう「小冊子」にあたるものと考えられていました。しかし、印刷技術の進歩や展示図録の豪華化などから現在では市販の画集とほとんど遜色のないものが多くなっています。

　以前、展示に出品された作品の著作権者が展示図録を制作した主催者を著作権侵害で訴えるということがありました。そのときに裁判所の下した判断は「たとえ観覧者に頒布されるものでありカタログの名を付していても、紙質、規格、作品の複製形態等により、鑑賞用の書籍として市場において取引される価値を有するものとみられるような書籍は、実質的には画集にほかならず、小冊子には該当しない」というものでした。

　著作権が存続している可能性のある作品・資料については、権利の所在を必ず確認し、著作権が存続している場合には、著作権者の許諾を確実に得る必要があります。

※著作権については、2.4節（p.40）で詳しく説明しているので参照のこと。

　博物館法第三条は博物館の事業について触れています。その項目のひとつに「博物館資料に関する案内書、解説書、目録、図録、年報、調査研究の報告書等を作成し、及び頒布すること」とあり、出版を博物館事業の柱のひとつとしてあげています。博物館が行う出版は、展示にかかわるものがかなりの割合を占めています。

　2つの展示図録を比較してみましょう（図）。（A）は「マリー・アントワネット物語展」、（B）は「驚きの博物館コレクション展」の展示図録です。ともに2012年（平成24年）度に名古屋市博物館で開催されました。

　「マリー・アントワネット物語展」は、フランス王妃マリー・アントワネットの生涯をたどった展示です。展示資料はパリ市のカルナヴァレ博物館の所蔵品と個人コレクションが中心です。基本的には歴史展示ですが、展示冒頭でカルナヴァレ博物館の所蔵する18世紀半ばのパリの風景画を展示するなど、美術展示の要素も併せもつものでした。展示図録では個々の図版に資料名称（作品タイトル）、作者、制作年代、技法・材質、寸法、所蔵者という基本データを記し、作品解題を付けています。

　「驚きの博物館コレクション展」は、名古屋市博物館、明治大学博物館、南山大学人類学博物館の3館のコレクションをその形成過程とともに紹介した展示です。図（B）に紹介した展示図録のページで

（A）

（A）「マリー・アントワネット物語展」展示図録
B5判変形（182 mm × 240 mm）
編集：名古屋市博物館・そごう美術館・東映
デザイン：大向デザイン事務所
発行：東映
© La Vie de MARIE-ANTOINETTE 2012-13

は、最初の２ページでコレクション形成の過程とその意義を、次の２ページでコレクションを紹介していますが、実際に展示した資料のすべてを掲載しているわけではありません。この展示では、「図録」ではなく「ガイドブック」と性格づけていました。

(B)

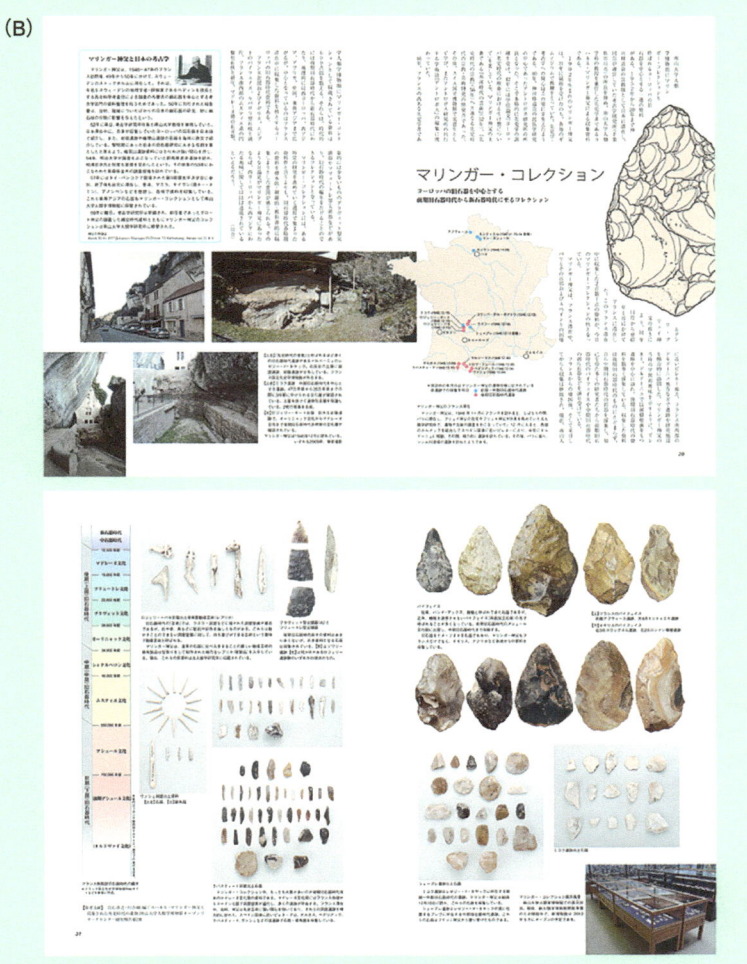

(B)「驚きの博物館コレクション展」ガイドブック
A4 判（210 mm × 297 mm）
編集・デザイン・発行：驚きの博物館コレクション展実行委員会（名古屋市博物館・明治大学博物館・南山大学人類学博物館）

図　展示図録の比較

第 4 章

博物館の評価

展示室における来館者アンケート
〔写真提供：美濃加茂市民ミュージアム〕

キーワード

展示評価法
来館者調査
質的評価

4.1 展示の評価法

　展示は博物館の顔といえますし、学芸員は常設展示・特別展示等の展示製作に多くの労力を割きます。しかし、展示はそれを観る人がいてこそ成立します。したがって、展示は製作すればよいのではなく、常にそれを評価し、そしてよりよい展示をつくることに資されなければなりません。この節では、そのための評価法について説明します。まずはじめにアメリカでの代表的な評価方法であるゴール・レファレンス法を紹介し、その後に質的評価について述べます。

4.1.1 ゴール・レファレンス法

　ゴール・レファレンス法は、対象とする観覧者を設定し、展示で伝えたい内容を確認します。そして、目標が達成されたかどうかを判断するために、観覧者の知識の獲得や態度の変化などについて、その観覧者の反応を測定します。以下の3つの評価段階に大別されます。

A. 企画段階評価 (Front-end evaluation)

　博物館の展示に対して人々は何を求めているのかが調査され、展示内容に対する期待や受け止め方を展示のなかでどのように実現していくべきかを探る評価です。具体的には展示テーマに関する利用者の興味や知識、経験や考え方を調べ、企画の方向性を調整するもので、プロジェクト開始時に行われる評価と位置づけられます。

B. 形成的評価 (Formative evaluation)

　展示の計画や製作の時点、あるいは展示の改善のときに行われる評価で、観覧者の学習成果が目標に到達できるよう展示を改善するために用いられます。展示開発のプロセスに利用者の意見をとり入れると、完成度の高い展示が生み出される可能性が高く、アメリカでは製作途中における評価は特に重視されています。

<形成的評価のポイント>
① 「引きつける力」観覧者の見たいという意欲をかき立て、引きつけたか
② 「保持する力」　観覧者が立ち止まり、時間をかけて展示を利用したか
③ 「手順の力」　　意図したような手順で体験がスムーズにできているか
④ 「コミュニケーションの力（教育的力)」メッセージは伝わったか
⑤ 「感情的な力」　その展示が好きか、気に入っているか

　５つのポイントのうち、①「引きつける力」、②「保持する力」、③「手順の力」については数量的な測定が行われるのに対し、④「コミュニケーションの力」、⑤「感情的な力」については質的な測定が行われ、利用者を観察し、インタビューを行って、理解しているかどうかを判定します。

<形成的評価の手順>
手順1　ターゲットとなる利用者を決め、展示で伝えたい（伝わってほしい）と思う「目標」を決める。
手順2　展示するもののモックアップ（模型）や試作品を作製する。
手順3　モックアップや試作品を利用者に見てもらい、目標の達成度について確認する。
手順4　目標と結果との乖離を確認してモックアップや試作品を見直す。
手順5　見直しの結果をもとにモックアップや試作品を改変する。
手順6　多くの利用者で再テストする。
手順7　変更を最終的に展示のなかに組み入れる。

　被験者自身がテストされているという気持ちにならないように注意し、あくまでも展示で伝えたいことが伝わっているのか、展示そのものをテストしているということを強調しましょう。

C. 総括的評価（Summative evaluation）

　展示の総括的評価は、展示が完成した時点で行い、その結果は目標に対する達成度を確認するためのものです。ここでは展示全体がもたらす効果を測定します。

<総括的評価のポイント>
① どのような影響（効果）を求めているか？

　観覧者の展示に対する反応から「理解」が達成されたかどうかが判定できるように、目標を測定可能なかたちにします。目標と観覧者の反応がう

まく調和しているかどうかについて明確に判断を下した後に、展示を調整し、改善するための情報や評価を展示にフィードバックします。

② 展示を通じて、どのように細部の目標を達成しようとしているか？

　細部の目標を達成するにあたって、何（実物、図表、写真、映像）が必要なのか、配置・配列の方法、注意力の喚起と持続させる方法、参加の度合いの検討について、結果が測定可能なように数量化しうるように決めておきます。

③ 目標とする観覧者への影響（効果）は、どのようにしたらわかるか？

　展示を見た後に観覧者ができることは何（説明、定義、比較、意見など）であるのかを確認します。前もって観覧者の理解の水準を測っておき、観覧する前と後で観覧者の反応の違いは何であるのかという変化について、それを観察して判断するということです。そのために観覧者の「行動」を観察し、客観テストを行います。

＜総括的評価の手順＞

手順1　観察調査（定点観測、行動観測）

　展示室の入口から出口まで、観覧者はどのような動線をたどり、どこで立ち止まり、立ち止まった時間はどのくらいで、どこを見なかったか、観覧に要した時間は何分だったかという行動を追跡します。偏りのないサンプル抽出法として、例えば入館者を順に数え、一定の間隔で入館者をサンプリングする方法があります。

手順2　面接調査

　アンケート調査は、展示の目的を達成するために満たされなければならない条件などを事前に分析し、必要なデータなどを明確化し、自由記入にするか、面接アンケートにするかによって、それにふさわしい調査票をつくらなければなりません。行動観測と平行して面接アンケートを行います。結果を見る際には、観覧者は好意的に回答しがちであること、また、過大評価あるいは過小評価する傾向があることを考慮しなければなりません。

手順3　客観テスト

　展示の情報がどの程度観覧者に伝わったかを測ります。設問方法には、空欄を設けた不完全な文章で構成される設問方法や、再認を測定するためにつくられた質問に対して誘導選択肢のなかからひとつの正解を選ばせる

設問方法などがあります。

手順4 データ集計

　注意点は、調査結果を集計するときには、データのコード化といった、一種の記号化が必要になることです。どのようなコード体系でデータを整理するかは、評価に着手する最初の段階で考えておかなければなりません。また、紛失した情報をどのように扱うかなども事前に決めておき、適用外のコードを記録できるようにしておきます。

　企画段階評価、形成的評価、総括的評価における3つの展示評価は相互補完的です。時系列で検証することによって観覧者とのコミュニケーションの有効性が高まります。展示計画→公開→評価をひとつの単位とし、何回もくり返すことで展示を改善し続けることが望まれます。経験者の勘に頼らず、統計的手法で状況を知ることも必要です。

〈参考文献〉
1) 　Screven, C. G.：Curator, **19**（4），271-290（1976）
2) 　里見親幸：博物館学Ⅱ，p.109, 学文社（2012）

4.1.2 展示の質的評価

　博物館における展示の評価は、それ単独で存在するのではなく、展示を行うねらいや目的さらにそのベースである博物館の設置理念や基本方針が前提となります。単に入館者数や入館料収入という顕在的で定量的な観点だけではなく、むしろ質的な側面つまり企画したねらいの達成具合や理念の実現にどこまで近づけているかが問われます。

　まず、企画展について美濃加茂市民ミュージアム（岐阜県）の例を見てみましょう。ここでは年間4本程度の展覧会が行われています。2021年（令和3年）10月に開催された「阿曽藍土 Inner Land 内なる大地へ」では、2000年の開館以来の一貫した方針である「自然と人と芸術の関係性」を基本テーマにし、観覧者が「自分の記憶や心の内に在る「大地」を思い返す」（開催チラシの趣旨から）ことを願って開催されました。

展覧会終了後、担当学芸員により展覧会報告がなされ、その内容は年度末の年報に掲載されホームページ上でも公開されます。そこでは、展示品リスト、観覧者数、関連プログラムの実施状況、展示担当者としての自己評価が記されます。その自己評価は担当者が、準備段階から終了までのさまざまな出来事のふりかえりをし、企画のねらいの達成に関する手応え、さらには監視スタッフから報告された日々の観覧者動向の一部なども報告されます。

　観覧者の反応を知るために任意のアンケート調査が実施され、それは標準の設問と自由記述で構成される用紙に記入するかたちで行われます。アンケートの設問は、観覧者の属性や観覧動機などのほか、「展示の資料・作品の見やすさ（配置、明るさ、空間など）にご満足いただけましたか」「展示の資料・作品のわかりやすさ（解説、説明、パネルなど）にご満足いただけましたか」など理解度や学習度を探るもの、「展示の資料・作品から満足感（感動、発見、知的刺激など）が得られましたか」という観覧者の知覚や刺激の様子を調べるものがあります。さらに満足度の本音を探るため「この展示を他の人に伝え、来館をすすめたいと思いますか」という設問も設定してあります。

　現代美術の領域の展覧会では、上記のうち、観覧後の知覚や意識、心の動きをさらに掘り下げるため次のようなアンケートを実施しています。設問ごとに該当するものをチェックしてもらうかたちです。2019年度の現代美術の展示から継続して行っています[1]。

①「展示を見て今の気分は」（心が安らいだ／心がざわざわした／心が躍った／美しいと感じた／不思議な世界だ……）
②展示を見て思ったこと（こういう表現があるんだ／素材や作り方に興味をもった／特異な空間を楽しめた／意図するものがほとんどわからない……）
③発想・発展（自然のことを考えた／現代美術への関心が高まった／自分の暮らしに思いをはせた／世界の平和を少し考えた……）

　作品や制作した作家に考えを巡らすこと、自身の暮らしや社会に思いをはせることなど観覧者の「感じ方」や意識の変化を知ることは、展覧会の意図やねらいに関連するもので極めて有効です。展示が「わかりやすいか

どうか」という観覧者の認知的側面とともに、展示を通して意識や感情の変化を見るという情緒的側面にも注目しながら観覧者アンケートを実施することが肝要です[2]。

　第三者による客観的な評価も欠かせません。定期的に開催される博物館の運営協議会における展覧会への感想や意見は、多様な立場や視点からの評価であり貴重な参考資料となります。また、館内の会議などを通しての他の学芸員からの意見なども身近な評価として大事です。雑誌などによる「展評」も関係者からの視点で有益です。前述の「阿曽展」では展覧会後の2022年4月に発刊された芸術批評誌「リア」（リア制作室）において、他館の学芸員により展示の印象や考察、展示意図との関連性が論じられ、新たな見地や展望を得ることができました。

　このように展覧会の評価は大きく分けて、①自己による評価②観覧者による評価（満足度、意識・心境）③第三者による評価、の3つの方法があり、その結果の総合的な評価が次回の展示の参考となり、館の理念の達成につながる貴重な材料となります。また、それは博物館利用者や設置者とも共有していくことが必要です。

4.1.3 展示評価の研究実践

　最近の展示評価の研究では、展示室内における観覧行動に着目した手法が注目されています。愛知県のトヨタ博物館では、東京学芸大学の吉冨友恭氏の指導のもと2017年の常設展示室の改装前後に、観覧者の室内行動調査と退室後のヒヤリングを実施しました。改装前調査は展示の現状把握と課題抽出を目的とし、改装後の調査はその結果を検証するために行われました。観覧者の歩いた軌跡、展示を見て滞留する場所と時間、指をさしたりする行動、発した言葉の内容などを観察記録し、その集積は大きな成果となりました[3]。

　美濃加茂市民ミュージアムでは2000年（平成12年）の常設展示室のリニューアルにあたって観覧者の行動調査が行われました（**図4.1**）[4]。観察ポイントはトヨタ博物館と同様、滞留時間やその動線ですが、特に注目したのは観覧者が何気なく交わしている会話やつぶやきです。そのふるまい

は、企画者が想定していないこともあり極めて興味深いものがあります。展示評価は、まずは、自らが企画した展示室に身を置き観覧者の動向に直に接して観察を行い、その展示室の空気を学芸員自身が肌で感じることが大事です。

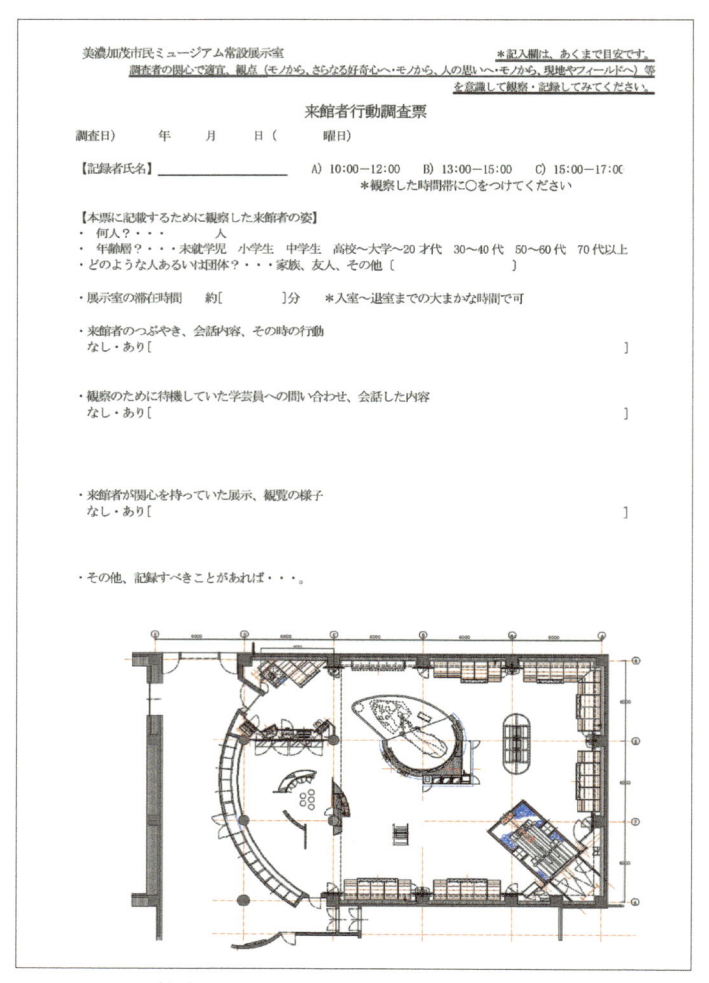

図4.1　美濃加茂市民ミュージアム展示室観覧者行動調査票

〈参考文献〉

1) 美濃加茂市民ミュージアム：みのかも文化の森年報（2019 年度版），**20**，美濃加茂市民ミュージアム（2020）
2) 亀岡聖朗：博物館における来館者研究：環境心理学の視点から，桐生大学紀要，**29**，19-29（2018）
3) 藤井麻希：新館常設展に向けた来館者調査の実施，トヨタ博物館紀要，**24**〈改訂版〉，トヨタ博物館（2018）
4) 美濃加茂市民ミュージアム：みのかも文化の森年報（2020 年度版），**21**，美濃加茂市民ミュージアム（2021）

4.2 来館者調査

　博物館は、展示する内容や博物館がとりくむテーマ・活動について来館者にわかりやすく伝えるために、来館者がどのようなニーズをもっているのか知らなければなりません。こうした博物館におけるマーケティングは、博物館における評価の進展とともに、活発にとりくまれています。来館者（将来、来館する人々を含む）のニーズや意識を測る調査事業は、誰もが利用しやすく、そしてより多く利用してもらうための博物館づくりには欠かせないものです。ここでは、博物館における来館者調査の現状や課題に触れながら、これからの来館者調査について展望します。

4.2.1 来館者調査の現状

　来館者を対象にした調査は、施設利用後や常設展示、企画展示、特別展示の際のアンケートなどによって行われています。博物館における来館者調査の多くは、展示に特化した調査項目ばかりではなく、博物館の施設・事業・サービス・運営に対する満足度や不満度、印象を測る調査項目（満足度調査）や、博物館（もしくは事業）に対する認知度、そして博物館までの交通手段、広報効果、来館頻度などを測る項目が調査内容に含まれています。

　こうした調査は開館後の施設で行われるばかりではなく、開館前（構想段階・計画段階・設計段階など）の施設に関しても積極的に行われています。また開館後の施設においては、来館者を対象にした調査だけではなく、まだ訪れたことのない「非来館者」に対する調査や、将来訪れてほしい人々に対する調査も行われています。

　現在の博物館は、あらゆる人々やさまざまな利用形態に対応することが求められています。しかしその一方で、博物館のマネジメントという観点から、自館の特性・活動・方針などに即した特定の利用者層（セグメント・階層）を想定した調査も実施されています。年齢層別の傾向をつかむ

ための調査や、親子・外国人・障がい者・団体・学校・福祉施設・子育て世代・観光客などを対象にした調査が行われることもあります。

すでに設けられている展示に対しては、展示の内容、展示されている資料（資料数・内容、資料の並べ方）、展示室の場所や見る順路（わかりやすさ、まわりやすさ）、展示室の環境（広さ、明るさ＜照明＞、ユニバーサルデザイン＜もしくはインクルーシブデザイン＞、展示室の雰囲気、混雑の様子）、展示解説パネル（文字の大きさ、文字の量、見やすさ、説明のわかりやすさ、多言語対応）、展示解説端末（見やすさ、わかりやすさ、操作の簡便性、多言語対応、メニュー展開、更新頻度）、展示の理解度、映像や模型といった各展示物（展示装置）に対する調査などが行われます。

これから開館（リニューアル）する博物館の展示など、計画中や検討中の展示については、想定している展示テーマや展示内容に関する人々の意識や理解度、展示が与える影響、望ましい展示手法などに関して調査が行われます。

また、展示替えをした後に調査を行うことで、来館者の反応（変化）をつかみ、検証することも重要です。博物館の来館者調査は継続的かつ定期的に実践されることが大切で、効果をよりいっそう高めることにつながります。

実例　国立アメリカ歴史博物館 (National Museum of American History)

1990 年代はじめに同館に設けられていた展示「Information Age」では、観覧者にバーコード付きのパンフレットが配られ、各展示コーナーの情報端末（19 か所）でバーコードをスキャンすると、さまざまな情報を引き出したり、体験することが可能となっていました。同時に、同館にとっては、観覧者がどのメニューにアクセスし、どのような内容を引き出したのかなどのデータを収集することが可能となっており、定期的に集めたデータの集計結果が展示コーナーの出口に掲示されていました。

来館者調査の目的

　来館者調査は、博物館における現在の課題を明らかにし、今後のとりくみの方向性とそのために必要とされる対応策などについて検討・企画立案するために行います。したがって、調査の企画段階でその調査を行って得ようとする内容を明確にしたうえで、それに適した調査を実行することが必要です。「調査のための調査」（単に調査を行うだけの事業）は避けなければなりません。

　基本的に、すべての展示は明確な「ねらい」と「目標」をもっていなければなりません。展示の「ねらい」と「目標」を設定するためには、来館者調査を介して、その妥当性や現実性について検証することが求められます。

　来館者調査の結果は、展示活動の質の向上に活かされることが必要です。計画段階で来館者調査を行い、その結果を展示にとり入れたり、普段は博物館に足を運ばない人に対しても調査を行うことで（4.2.4項参照）、そもそもどのような人々が来ていないのかを把握し、いかにして彼らに来館してもらうかを検討することも重要です。博物館における展示活動の質の向上には、こうした社会的なニーズを常に把握しようとする姿勢が大切です。

4.2.3 ## 来館者調査の種類

　来館者調査には、定量調査と定性調査があります。

A. 定量調査

　定量調査は、来館者数や常設展示・企画展示・特別展示の観覧者数、新規利用者や再利用者（リピーター）をはじめ、特定の利用者層や有料・無料入館者の割合、滞在時間、さらには満足度や理解度といった展示の利用状況や展示に対する意識を数値化して示すための調査です。データが数値化されるため、誰もが理解しやすく、経年による比較や統計的なデータ処理にも適しています。数値データとしての信頼性を確保するためには、多くのサンプル数が必要となり、データを数値化するためには、質問とその回答となる選択肢があらかじめ用意されていなければなりません。

現在では、技術の進歩に伴い、さまざまなセンサーが開発されており、展示空間はもちろんのこと、施設内における人の流れを測定し、数値化することが可能となっています。このように統計分析しやすい定量化への動きはますます広がっていくと思います。

B. 定性調査

一方、定性調査は対象者から発せられる言葉や行動、観察者が見た観覧者の状態や印象など、言葉や文章、写真（画像）といった数値化しにくいデータの収集を目的とした調査です。「面接（インタビュー）法」「観察（行動観察）法」などが該当します。

定量調査は展示の企画・設計段階から仮説をつくり、選択肢を用意しますが、定性調査は仮説を見つけにくい調査テーマや、思いも寄らない、気づきにくい利用者の意識や動きを発見するのに適した調査方法といえます。多様な人々が利用するこれからの博物館において、定性調査の重要性は今後さらに高まることが予想されます。

4.2.4　来館者調査の方法

来館者調査の方法は、「調査員（インタビュアー）によるヒアリング」と「回答者による調査票への記入・入力」に大別することができます（**表4.1**）。また、調査票の配布・回収方法は、調査員が配布・回収する方法や館内にアンケートコーナーを設けて調査票に記入・投函してもらう方法（館内調査・出口調査）、インターネット上に調査票記入画面を用意し、回答者が自身のスマートホンやパソコンなどから入力・送信する方法が用いられています（**図4.2**）。インターネットを用いてより

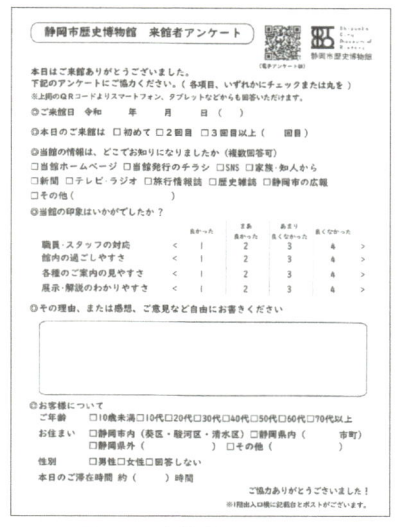

図4.2　来館者アンケート

〔資料提供：静岡市歴史博物館〕

表4.1　来館者調査の方法による違い

	調査員（インタビュアー）による ヒアリング	回答者による調査票への 記入・入力
サンプルの 回収効率	個別にヒアリングするため、目標回収数に到達するまでに長い時間を要する	短期間で多数の回収が可能
調査員の 能力への 依存	調査員（インタビュアー）のコミュニケーション能力が問われ、その能力次第で引き出せる調査結果にばらつきが出るおそれがある	依存しない
調査員の数	マンツーマンが原則なので、目標回収数によっては多くの人手が必要	調査票の配布が主な仕事のため、少人数で済む（館内で調査票を配布・回収する場合）
掘り下げた 質問	可能（例：満足度を問う設問で、「不満」という回答の場合、どのような点がどのような理由で不満なのかを具体的に聞き出すことができる）	選択肢の設問では、回答の根拠まで掘り下げられない。自由記述は、質問数によって回答者に負担をかけ、無回答が頻出するおそれがある
回答者の評 点のつけ方	調査員（インタビュアー）への遠慮が生じ、甘くなりやすい	対面調査ではないため、比較的率直

多くの回答を得るためには、館内の壁面に掲出したパネルや、館内のデジタルサイネージを用いてアンケートへの協力を呼びかけます（**図4.3**）。また、館内にアンケート専用のタブレットを設置して入力できるようにしている館も見られます。

図4.3　来館者アンケート〔写真提供：森美術館〕

非来館者調査は、かつては博物館以外の施設や街頭などでインタビュー形式で行われるケースが多かったのですが、最近では調査に協力するモニターなどの登録者を有するネットリサーチ会社を通じて行うケースが多く見られます。

　来館者調査は、調査の予算や期間、あるいはどのような内容をどの程度調査するのかなどの条件によって、適した調査方法や回収方法をその都度選択することが望ましいでしょう（**表4.2**）。

表4.2　調査実施の留意点

調査方法の選定	●「完璧な調査方法は存在しない」と理解し、下記の点を検討して選定する ● 自記式調査、対面調査、インターネット調査などのメリット、デメリット（効果、課題）は？ ● 調査費用、サンプルの回収効率、掘り下げた質問に対する回答の質、評点のつけ方などで、何を重視するか？
調査票の設計	●調査票の設計の前に、予備調査を実施することが理想 ●回答者の負担にならない量や内容の調査票を設計する
分析	●「入館者＝回答者」にあらず（回答者に偏りが生じていないか検証することも有用） ●特定の層（年齢層別など）による回答傾向をつかんだうえで分析する（セグメント分析の有意性） ●少数意見には気づきにくい観点や思いがけない提案が含まれていることがある
実施後の課題	●今後の調査の方向性を検討する ● 同じ手法で調査を継続するのか？ ● 調査時期、設問内容を検討する

4.2.5　調査結果の分析方法

　定量調査の結果は、調査項目ごとの単純集計や、複数の調査項目の結果を組み合わせたクロス集計（複数の調査項目をかけ合わせて表を作成し、相互の関係を明らかにするための集計）を行って分析することが多いですが、必要に応じて、相関係数を用いて「展示全体の満足度」に影響を及ぼす項目を探る方法を用いたり、ポートフォリオ分析を行うことも効果的で

す。一方、定性調査の結果は、自由に記述されたデータをもとにデータマイニング（テキストマイニング）を行って分析することがあります。これからは AI を用いた分析も実践（試行）されていくことでしょう。

図　ポートフォリオ分析の概略図

4.2.6 来館者調査の展望

　コロナ禍を機に、急速に博物館におけるオンライン事業は広がっています。現在の博物館は、来館しない利用者層も想定する時代を迎えています。2019 年（令和元年）にはじまった「GIGA スクール構想」（全国の児童・生徒 1 人に 1 台の端末などの ICT 環境を活用した新たな学びが実践）や 2022 年 8 月の ICOM プラハ大会で採択された博物館の新たな定義にも記された「誰もが利用できる博物館」、2023 年 2 月に文化審議会博物館部会博物館 DX に関する検討会議から示された「博物館 DX の推進に関する

基本的な考え方」など、新たな博物館のあり方につながる指針や提言が示されています。事業活動の広がりとともに、博物館の利用形態や利用状況も広がっています。

　これからも事業活動とともに広がっていくことが予想される博物館の利用者像を図示しました（**図4.4**）。博物館は、展示の観覧者から来館者へ、そしてこれまでより広い「利用者」の考えを念頭に事業（利用者調査を含む）にとりくむ必要があるでしょう。

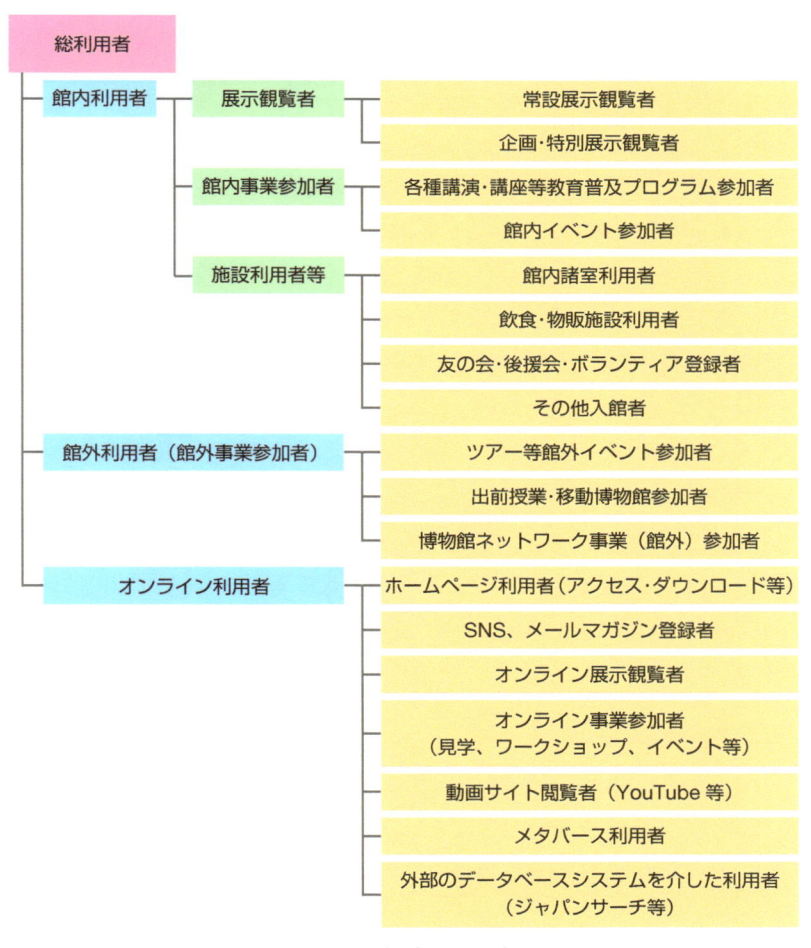

図4.4　博物館の利用者像

また、現在は不確実な時代（VUCA 時代）といわれています。社会情勢や価値観など、さまざまな要素が複雑に絡まり合っているため、単純な解決策を導き出すのが難しい社会に私たちは生きています。

　日本科学未来館は、2015 年（平成 27 年）、常設展内に「オピニオン・バンク」を設置しました（**図 4.5**）。科学や社会にまつわる問題に皆がアンケート形式で意見を発信するコーナーです。同館では、「オピニオン・バンク」で得た意見を、科学や社会に関わる調査・研究や、イベントなどを行ううえでの調査などに活用していると説明しています。こうしたとりくみは、近年オープン・リニューアルした株式会社日立製作所のミュージアム「日立オリジンパーク」（常設展「Hitachi Future Zone」）や立命館大学国際平和ミュージアム（常設展「問いかけひろば」）でも見られます。博物館を訪れることで、自分以外の来館者の意見や考え方・捉え方に触れて、新たな気付きを得ることは、来館することの動機にもつながるのではないでしょうか。社会課題に対応する博物館像が求められている現在、常設展示やオンライン展示を観覧する利用者の意識を即座に調査・把握し、以降のとりくみに活かしていく「来館者調査・利用者調査」（前述した「実例：国立アメリカ歴史博物館」のとりくみにつながる）がこれからの博物館をさらに発展させると考えています。

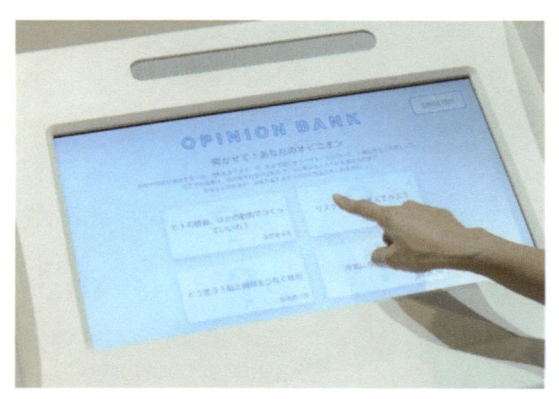

図4.5　オピニオン・バンク〔写真提供：日本科学未来館〕

第 5 章

ユニバーサル・ミュージアム

葛飾北斎の代表作「冨嶽三十六景　神奈川沖浪裏」の一部
荒れ狂う海に浮上した巨大な波にのまれそうな舟、そして悠然とたたずむ富士山。静と動の対比を表現した触図（立体コピーという手法で表現）。

ユニバーサル・ミュージアムの構想
触文化
視覚障がい者

ユニバーサル・ミュージアムの構想
—触文化展示の意義と可能性

　近代化、文明化とは「見えないものを見えるようにすること」と定義できます。24時間営業のコンビニがある生活が当たり前で、リモコンのスイッチを押せば、いつでも多種多様なテレビ番組が流れるのが現代です。私たちの日常は明かりと映像に囲まれており、「闇」は縁遠いものになりました。博物館は、そんな近代化、文明化のシンボルともいえるのではないでしょうか。私たちがなかなか行くことができない外国の珍しい事物、先人の業績、あるいは肉眼ではとらえられない体内や宇宙の様子などを「目に見えるかたち」で紹介するのが博物館展示の眼目です。博物館の展示を通じて、私たちは空間・時間を自由に行き来する見学の醍醐味を体感しています。視覚優位の近代文明を反映して、博物館では必然的に「見る」ことが大前提とされてきました。このような博物館展示をとりまく固定観念を根底から問い直すために、本節では「ユニバーサル・ミュージアムの構想」を提示することにします。

ユニバーサル・ミュージアムと視覚障がい者

　ユニバーサル・ミュージアムとは、ユニバーサルデザイン（UD）のミュージアム、すなわち誰もが楽しめる博物館という意味です。1990年代以降、日本では公共施設の建築においてUDをとり入れるのが一般化しています。誰もが楽しめる博物館を実現するためには、ハード面の整備のみならず、子どもや高齢者、障がい者や外国人など、さまざまな来館者を意識した展示設計が必須です。点字パンフレットの設置、手話でコミュニケーションできるスタッフの養成、子ども向けのワークショップの開催、展示キャプションの多言語表記など、ユニバーサル・ミュージアムのとりくみは数多く存在します。

しかし、ユニバーサル・ミュージアムとは、こういったマイノリティへの配慮にとどまるものではありません。近代化、文明化のプロセスで忘れられてきた「見えないもの」の特性を再評価すること、「闇」の復権を目指すのがユニバーサル・ミュージアム運動の最終目標なのです。本節では、ユニバーサル・ミュージアムの理論と実践事例を解説するにあたって、視覚障がい者の歴史に注目します。それは「視覚を使えない」弱者の尊重が、誰もが楽しめる博物館の具体化につながることを実証するためではありません。彼らの「視覚を使わない」ユニークなライフスタイルが、21世紀の新たな博物館展示のあり方を考えるうえで重要なヒントを与えてくれると確信するからです。

実例 体験プログラム「瞽女文化にさわる」の成果と課題

　2013年（平成25年）4月から7月までの第4土曜に、国立民族学博物館（民博）で体験プログラム「瞽女文化にさわる」が開催されました。瞽女とは盲目の女性旅芸人で、江戸時代には各藩の保護下に瞽女仲間（同業者組合）が組織されていました（**図**）。三味線を抱えて全国を旅する瞽女の姿は、近世絵画にも多数描かれています。瞽女唄は、民衆のニーズに応じて創造・伝承された「語り」の芸能、即興の音楽です。

　明治以後は新潟県（主に高田と長岡）などの雪国に瞽女仲間が見られるのみで、1970年代には門付けをする瞽女はいなくなりました。そして「最後の瞽女」と称される小林ハルが2005年（平成17年）に亡くなり、瞽女は日本社会から完全に消滅したのです。民博の体験プログラムでは、瞽女が果たして

図　1970年代、新潟県・高田の街中を歩く瞽女
〔写真提供：上越市文化振興課〕

きた役割をたくさんの方々に知っていただくと同時に、高度情報化が進む現在、なぜ瞽女が忘却されてしまったのかを来館者とともにじっくり考えることを目的としました。

　瞽女が日本社会から消えた理由としては、以下の2つが通説とされています。

① 第二次世界大戦後の福祉制度、盲学校教育の充実により、視覚障がい者の職業的選択の幅が広がったこと（異質から同質へ）。

② ラジオ・テレビが普及し、庶民の娯楽の形態が変化したため、瞽女唄が必要とされなくなったこと（双方向から一方向へ）。

　明治期に神戸で瞽女唄を聴いたラフカディオ・ハーンは、「私はこれほど美しい唄を聴いたことがありません。その女の声のなかには人生の一切の悲しみと美とが、また一切の苦と喜びが震動しておりました」と述べています。ハーンが感じた「震動」は、視覚を使わないライフスタイル、すなわち触覚と聴覚に依拠する視覚障がい者の実体験から紡ぎ出される音声の響きともいえます。近代化、文明化とは一面において、視覚障がい者（マイノリティ）がオリジナリティを失い、見常者（マジョリティ）に同化していくプロセスであると総括することも可能です（本節では、見ることを常とする者という意味で「見常者」を用います）。ユニバーサル・ミュージアム論の応用として、民博の体験プログラムでは瞽女唄の震動（視覚障がい者の苦と喜び）を参加者が共有することをねらいとしました。

　「瞽女文化にさわる」の会場として使用したのは、民博の展示場内にある秋山郷（長野県栄村）の復元民家です。「日本の秘境」ともいわれる秋山郷の山奥にも、1940年代まで瞽女が定期的に訪れていたことを古老たちは鮮明に記憶しています。残念ながら民博では瞽女の生演奏ではなく、録音されたCDを流すのみでしたが、民家模型内の囲炉裏のまわりに座って瞽女唄をじっくり聴く体験は、来館者の想像力・創造力にインパクトを与えることができたようです。全国から50人前後の参加希望者が毎回集まり、瞽女文化の潜在力を再認識させられました。来館者によるアンケートの回答のなかから、以下にいくつか抜粋して紹介します。

- 瞽女さんのことをまったく知らなかったので、とても新鮮に感じました。
- 瞽女は盲目でかわいそうな人々だとの印象をもっていた。今回のプログラムでその先入観が一掃され、明るい（修行された）芸能人だと悟った。
- 福祉とか差別とかとは違うかたちで視覚障がい者の世界が知れて豊かさを感じた。
- 実際に使用されていた物に触れることができて、瞽女さんのことを知り、心に響くものがありました。
- 今日は瞽女唄を聴けてよかったです。哀愁のただようような唄なのかと想像していましたが、素朴な味わいで、淡々と日常をこなしていた生き様が表れているようでした。

　参加者が多い場合の体験プログラムの運用方法など、今後改善すべき点はありますが、「瞽女文化にさわる」の成功を通じて、私たちは「見えないものを見えるようにすること」だけが博物館展示のあり方ではないと、あらためて確認できました。

　「瞽女文化にさわる」のテーマを要約すると、「同質から異質へ」「一方向から双方向へ」の2つになります。実は、この2つは近代化、文明化に対し異議申し立てをするという点において、本節で掲げるユニバーサル・ミュージアム運動の基本コンセプトと重なっているのです。次項では、ユニバーサル・ミュージアムの基本コンセプトを来館者が自発的に学習するための方法、触文化展示の具体的手法に言及しましょう。

触文化とは何か

　2012年（平成24年）3月、民博のインフォメーションゾーンに「世界をさわる—感じて広がる」展示コーナーが新設されました（**図5.1**）。すべての来館者に触文化（さわらなければわからないこと、さわって知るモノの特徴）の魅力と奥深さを知ってもらうのが、本コーナーの主題です。トキのバードカービング、イヌイットの滑石彫刻、民族楽器、仮面、各種儀礼・生活用具など、民博の収蔵資料から17点を厳選しました。本コー

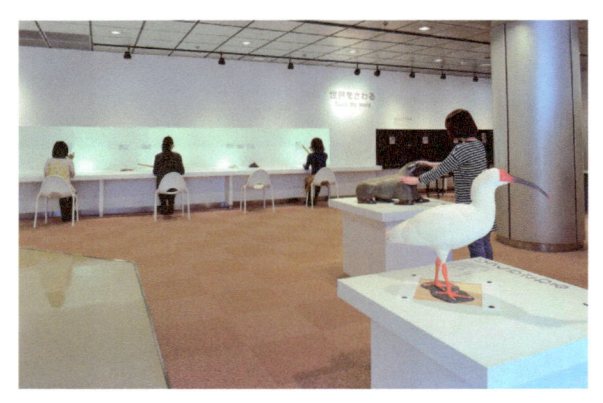

図5.1 2012年（平成24年）3月にオープンした展示コーナー「世界をさわる」
〔写真提供：国立民族学博物館〕

ナーは無料ゾーンの常設展示なので、文字どおり老若男女、さまざまな来館者が触学・触楽できるユニバーサルな空間として享受されています。

この展示コーナーには点字の解説パネル、音声ガイドを整備し、「視覚障がい者と見常者が自力で得られる情報量に、できるだけ差がないこと」にこだわりました。前述したように、視覚障がい者への対応は福祉的なとりくみではありません。見学・観覧、つまり目で見ることが常識とされてきた博物館において、触文化展示は人間の感覚の多様性を呼び覚まし、博物館展示の豊かな可能性を切り開く意義を有しています。

すべての来館者が見学・観覧するという「同質」の鑑賞法を無意識に採用していたのが従来のミュージアムだとすれば、視覚障がい者など、多数派とは「異質」な集団や個人がそれぞれのスタイルで展示を味わうことができるのがユニバーサル・ミュージアムです。開設以来、「世界をさわる」コーナーには視覚障がい関係団体の来場も多く、「同質から異質へ」という問題提起をする意味で、十分に機能しています。もちろん触学・触楽は、視覚障がい者だけに限られた特殊な鑑賞法ではなく、見常者にも「感じて広がる」知的興奮をもたらすのは間違いありません。

それでは、ユニバーサル・ミュージアムの第二のコンセプトである「一方向から双方向へ」は、この展示コーナーでどのように実現されているのでしょうか。民博の初代館長である梅棹忠夫は博物館展示を構想するにあ

たって、「モノとの対話」を重視しました。博物館に展示されている資料の背景には、それぞれの物語（ストーリー）があります。例えば、民博で展示される民族資料の背後には、それをつくり、使い、伝えてきた人々や文化が存在します。「これはどうやって使うのか」「どこからやってきたのか」など、資料のストーリーをじっくり探究するのが「モノとの対話」です。

　実際には物言わぬ展示資料から、どれだけの情報、「目に見えない」物語を引き出すことができるのかが「モノとの対話」のポイントといえます。梅棹は「モノとの対話」の実践を通じて、来館者が自身の想像力と創造力を鍛えることを切望していたのです。そのためには、多彩なストーリーをもつ資料を選定し、簡潔な解説文を付して展示することが必要となります。たしかに、梅棹ほどの人ならば、じっと博物館の展示資料を見るだけで、「モノとの対話」を楽しむことができるでしょう。しかし、一般には展示資料の解説を漫然と読んで理解した気になる来館者が大半なので、「モノとの対話」はなかなか成立しません。

　どうしても視覚展示は、見せる側（博物館スタッフ）から見る側（来館者）への一方向の情報提供になりがちです。最近は各地の博物館がギャラリートークや展示解説などのイベントを実施しており、博物館スタッフと来館者の相互交流が促進されるようになりました。「教えてあげる／教えてもらう」という関係ではなく、来館者が「モノとの対話」を楽しむための効果的な場を演出するのがギャラリートークや展示解説の要諦です。博物館スタッフは、来館者とモノの媒介をする黒子としての役割を明確に自覚すべきでしょう。

　視覚による情報入手は、「より多く、より速く」というメリットがある反面、目に入るものを受動的にとり込むだけというケースがよく見受けられます。不特定多数の来館者が短時間で展示の趣旨を理解しようとする場合、見学・観覧は極めて有効な手段であるといえます。一方、触覚による情報入手は、量とスピードにおいて視覚に劣るのは確かです。とはいえ、自分の意思で手を伸ばし、前後・左右に動かして探る作業は能動的で、人間の身体と精神を日々の束縛から解放します。また、視覚情報は目でしか得ることができないのに対し、触覚は手のみでなく全身に分布しているのも大きな利点です。

前述の体験プログラム「瞽女文化にさわる」では、「音にさわる」という表現を用いて、瞽女唄の震動、目に見えない世界のリアリティを皮膚感覚でとらえる鑑賞法を提案しました。モノをただ見るだけの視覚（＝一方向）展示を乗り越えて、来館者が身体性と能動性を発揮してモノと対話する。見えないものを見えるようにするのでなく、見えないものを手探りで想像・創造していく。これがユニバーサル・ミュージアムの究極の理想である触文化（＝双方向）展示なのです。

　開館当初から、民博の本館展示では「手が届くモノにはさわってもいい」とされてきました。そもそも、現地の人々が手でつくり、使い、伝えてきたモノを、来館者が手で触察するのはごく自然な行為なのかもしれません。しかし残念ながら、昨今は資料保存の見地から、"さわる"ことの位置づけが館内でも曖昧になっています。"さわる"とは視覚の補助、すなわち目で見たことを確かめる単なるツールと受け止める学芸員も増えているようです。展示コーナー「世界をさわる」は、触文化の価値を積極的にアピールすることにより、梅棹が提唱した「モノとの対話」の再生を図る試みでもあります。次項では「世界をさわる」（常設展示）と「瞽女文化にさわる」（体験型イベント）の関連性を詳述することにしましょう。

さわるマナーが社会を変える！

　「世界をさわる」は、いまのところ来館者に好意的に評価・受容されていますが、今後最大の課題は"さわる"マナーの普及と定着です。小学生などの団体客のなかには「さわる＝遊べる」と考える子どもが少なからずおり、手荒に資料をとり扱う場面にしばしば出合います。すでに破損事故も何度か起きました。また、子どもたちが喜んでさわっているのとは正反対で、資料を眺めるだけで通り過ぎていく大人が意外に多いことにも驚きます。「世界をさわる」と大々的に銘打つ露出展示なのに、さわらないのは不思議です。博物館では「さわってはいけない」という常識が刷り込まれているのでしょう。

　「世界をさわる」では来館者が気軽に"さわる"ことができるように、〈見てさわる〉〈見ないでさわる〉の2つのセクションを設けています。〈見てさわる〉では視覚と触覚の比較を、〈見ないでさわる〉では触覚への集中

を意図して資料を選びました。こういった"さわる"展示の原理、触文化という概念が来館者に根づくためには、まだまだ時間がかかりそうです。

　私たちは「モノとの対話」を拡大・再生産するために「やさしくさわる」「ゆっくりさわる」という"さわる"マナーを来館者に呼びかけています。どんなに注意深く触察しても、手の脂は資料に悪影響を与え、汚損・破損する危険を回避できません。触文化展示は、資料保存と相容れない側面をもっています。

　逆説的な言い方になりますが、実は「やさしくさわる」ことは、人や物に真摯に接するマナーを育むうえで重要です。やさしく資料に触れることにより、モノに対する敬愛の念が来館者の内面から醸成されます。モノの背後にあるストーリー、モノをつくり、使い、伝えてきた人々の暮らしや文化に思いをはせるなら、展示資料を手荒にとり扱うことはできないはずです。「さわる＝壊れる」はあくまでも結果であり、壊れるまでのプロセスが大切なのではないでしょうか。触文化展示は、博物館から「やさしさ」を社会に発信できる「目に見えない」力、社会変革のダイナミズムを秘めていることをここでは強調しておきます。

　次に、「より多く、より速く」という見学・観覧の通念と一線を画するのが「ゆっくりさわる」発想です。「世界をさわる」の展示資料数17点は、民博の所蔵資料の全体からすると、ごくわずかだといえます。しかし、ひとつひとつをやさしく丁寧に触察し、資料と対話するなら、17点はけっして少ない数ではありません。小中学校の遠足、修学旅行で博物館見学をする場合、限られた時間内に、とにかくたくさんの資料を見ることが奨励されています。民博の広い展示場内を小走りに駆け抜ける子どもたちによく出会います。モノの数に圧倒される経験も大事ですが、はたして大量の資料を見た記憶は、彼らのなかにどれくらい残るのでしょうか。

　身体性と能動性を重んじる触文化展示では、「より少なく、より遅く」をモットーとしています。手のひらで得た点の情報を線・面・立体に組み立てていくには時間がかかります。「ゆっくりさわる」とは、手と頭を駆使して、モノの質感・機能・形状を探る能動的な学習法です。スピード礼賛の近代文明において、時間がかかることはマイナスとされてしまいます。そんな近代文明に一石を投じるのが「ゆっくりさわる」触文化展示なのです。

「やさしくさわる」「ゆっくりさわる」は、日本はもとより、世界各国で行われてきたハンズオン展示の成果と問題点を踏まえて練り上げたコンセプトです。大げさにいうなら、やさしく、ゆっくりとは近代化、文明化に強烈な反省を求めるパラダイムシフトということになります。ですから、"さわる"マナーが一朝一夕に普及・定着することは期待できません。

　やさしく、ゆっくりという価値観に来館者が無理なく共感できる方法として、私たちが選んだのが体験プログラム、ワークショップの事例を地道に積み重ねることです。講演や論文、啓蒙書を通じて"さわる"マナーを宣揚することも不可欠でしょうが、人の手から手へのダイレクトな触文化の伝授に勝るものはありません。「やさしくさわる」「ゆっくりさわる」ノウハウを基調とする体験プログラム初回の案内役を担ったのが瞽女でした。それは、瞽女たち自身が「やさしくさわる」「ゆっくりさわる」を率先垂範していたからです。

　体験プログラム「瞽女文化にさわる」では、瞽女が実際に使用していた道具や衣装にさわってもらうことを中心としました（**図5.2**）。貴重な資料はひとつずつ、プログラムを運用するボランティアスタッフの手から参加者へとやさしく、ゆっくり回覧されました。資料を手渡していく能動的な身体運動は、来館者どうしのコミュニケーションを活発にするうえでも有益だったようです。そして何よりも、江戸時代から続く秋山郷の古民家の

図5.2　体験プログラム「瞽女文化にさわる」のチラシ
表面には「さわる文字＝点字」も印刷されている〔資料提供：国立民族学博物館〕

独特の雰囲気が、やさしく、ゆっくりという新たな博物館体験の手応えを助長してくれました。

　現状では「やさしくさわる」「ゆっくりさわる」マナーは、ボランティアスタッフなどの手助けがなければ徹底されません。しかし本来、上から押しつけられるルールと異なり、来館者のなかから自発的に芽生えるのがマナーです。「瞽女文化にさわる」のような体験型のイベントをくり返し開催することで、来館者とともに博物館は成長し、真の文化施設となるのではないでしょうか。常設展示を活用したユニークな体験プログラムが立案され、そのプログラムが常設展示のコンセプトを強化する。こういった絶えざるイノベーションに基づき、斬新なユニバーサル・ミュージアムが発展していくのです。

「モノとの対話」は「者との対話」から始まる

　近年、ユニバーサル・ミュージアムを志向する多様な展示への挑戦が全国の博物館でなされています。民博でも博物館関係者に呼びかけて「ユニバーサル・ミュージアム研究会」を立ち上げ、2009 年（平成 21 年）度から共同研究を継続中です。実践例として紹介したい特別展やワークショップは多数ありますが、正直なところ、限られた紙数のなかでどれをとり上げればいいのか、判断に迷います。ユニバーサル・ミュージアムをそれぞれの立場で追求する個別報告に関しては、参考文献を参照してください。

　最後にユニバーサル・ミュージアムの展示をつくるうえで注意すべきことをひとつ挙げます。それは、「モノとの対話」は「者との対話」に発するということです。海外の展示例から考えてみましょう。

実 例　シカゴ美術館の「タッチギャラリー」

　全米でも有数のコレクションをもつシカゴ美術館（The Art Institute of Chicago）には、銅や大理石など、触感の異なる 4 種類の胸像を展示する「タッチギャラリー」が設置されています（図 1）。ギャラリーの解説パネルは、次のような宣言ではじまります。「このギャラリーは、『手で触れる』という行為が芸術鑑賞をいかに豊かにするものか、

**図1　2009年（平成21年）にリニューアルされた
シカゴ美術館の「タッチギャラリー」**

来館者に経験してもらう貴重な機会を提供します。触れることを通じて、人は芸術作品を形や線、サイズやスタイル、温度、素材といったもので識別できるようになります。それらは視覚だけでは感じることができないものです」

　タッチギャラリーは美術館のメインエントランス横の無料ゾーンにあるので、民博の「世界をさわる」と同じように、誰もが楽しめる展示といえます。上記の解説パネルの文言は、美術館における触文化展示の意義を簡潔に要約したものとして私たちも参考にすべきでしょう。ただ、展示されているのが胸像4体という点に疑問を抱きます。手ざわりの違いを味わうのなら、すべてが胸像である必要はないでしょう。また、やさしく、ゆっくり触察するにしても、やはり4体だけでは、想像力・創造力を広げ、深めるためには不十分といわざるをえません。

　個人差もありますが、「人の顔」をはっきり見たことがない先天性の全盲・弱視者にとって、胸像は想像力・創造力を練磨する鑑賞物として、本当に適当なのでしょうか。タッチギャラリーの展示資料の選定に際して、おそらく視覚障がい者を含む一般来館者の意見はほとんど聴取されていないのではないかと感じました。美術館スタッフによる教育的な論理の押しつけから、来館者の自発的な学習を促す「モノとの対話」が生まれることはありません。

図2 ピカソの彫像「無題」
シカゴの街中には大小さまざまな彫刻が
置かれており、その気になればさわるこ
ともできる。

　胸像は両手を動かして全体を把握できる資料という観点では、ちょ
うどいい大きさです。教育的な視座に立つならば、全体をさわれない
巨大なモノは、触察用の展示資料としては不適切ということになり
ます。しかし、触学・触楽とは融通無碍でダイナミックなものです。
「目に見えないもの」を想像・創造できる柔軟性が触文化の真骨頂だ
とすれば、ときには巨大な展示物と全身で格闘する触察もあっていい
のではないでしょうか（**図2**）。

　以上、「モノとの対話」は来館者と博物館スタッフの相互接触（触れ合
い）から育まれることを本節の締めくくりとして追記します。

〈参考文献〉
1)　広瀬浩二郎 編：さわって楽しむ博物館 ―ユニバーサル・ミュージアムの可能性,
　　青弓社（2012）
2)　広瀬浩二郎 編：ひとが優しい博物館 ―ユニバーサル・ミュージアムの新展開, 青
　　弓社（2016）
3)　広瀬浩二郎：世界はさわらないとわからない―「ユニバーサル・ミュージアム」と
　　は何か, 平凡社（2022）
4)　広瀬浩二郎：ユニバーサル・ミュージアムへのいざない ―思考と実践のフィール
　　ドから, 三元社（2023）

利用者の立場から考える①
ユニバーサル・ミュージアム
に必要なこと
──さまざまな「見方」・さまざまな「見せ方」

　博物館というのは、さまざまな世界につながる窓をもった家のようなものです。展示物を通して、時や場所を隔てた世界の息吹を感じることができる場所だからです。それはまるで、窓からそっと部屋の中を覗き込むようなものです。

　直接触れることはできなくても、眼前の展示物はその向こう側に広がる世界と自分とをつないでくれます。本や人の言葉でしか知らなかったものが、より立体的に感じられるようになります。博物館は「窓越し」という制約はあっても、時と場所を超え、興味の対象の世界に触れることのできる魔法の家です。

　しかし、全盲の私はこれまで博物館をこのような「魔法の家」だと感じたことはあまりありません。そこにある窓は、さまざまな世界と自分とを「つなぐ窓」ではなく「隔てる窓」だったからです。頑丈な窓枠に分厚いガラスがしっかりはめ込まれていて開閉できず、音もにおいも感触も伝わってきません。それは「窓のない家」のまわりをただぐるぐる見てまわるのと変わりません。大雑把な外観はわかっても知識欲を満たしてくれるものではありません。

　私が全盲となったのは12歳のときです。40年近く経つ現在でも、12歳まで見えていたこと（視覚経験）はさまざまなものを頭のなかにイメージとして定着させる際、絵具のような役割を果たしてくれています。実際見たことがあるものはそのまま思い浮かべ、見たことがないものは説明などを聞き、持ち合わせの絵具（視覚経験）から適当と思うものをはめ込んで想像します。ただ絵具の種類は多くはありません。持ち合わせの絵具で少しでも多くのものに色づけするためには、触れたり味わったり、本や人か

らの言葉によって絵具を混ぜ合わせ、バリエーションを広げます。体感することで私の知識はどんどん色彩豊かになります。

　博物館は貴重な展示物を扱っている性格からか、「観賞（鑑賞）＝目で見ること」ということに強くとらわれているように感じます。また専門的な知識をもっているからこそ「本物」にこだわりすぎてしまうという面もあるように思います。いうまでもなく「観賞」は目以外でもできます。また本物でなくても見せ方次第で本物の息吹を感じさせる術はあります。形状・大きさ・重さはレプリカで、素材・質感は材料そのもので、本物の特徴を複数のアイテムに分担させたり、メイキングの工程を示したりして、「本物に近づく手がかりの提供」にもっと目を向けてほしいのです。

　私は、歴史上の人物にスポットを当てた小説や雑学の本をよく読みます。その人物自身のエピソードはもちろん、その人物の生きた時代の風俗も興味の対象です。写真や挿絵を見ることができないので、文章から当時の服装や髪形、生活の様子を少ない絵具（視覚経験）を総動員して想像しますが、なかなか満足できません。そんなときは絵具を混ぜ合わせる材料となりそうなもの（少しでも近いもので触れられるもの）を探します。戦国武将の鎧兜や近世ヨーロッパの貴婦人のドレスは、デパートに並ぶ五月人形や西洋人形で、大航海時代の海賊はテーマパークのお土産のおもちゃで、お城や教会はミュージアムショップにある模型で、などです。実際とは少し違うかもしれませんが、こういったものでも私にとっては実物に近づく1本の糸になります。こういう糸を1本ずつより合わせ、実物への太い綱をつむぎ、かけていくのが全盲の私の知識の蓄積方法（ものの見方）なのです。

　残念ながら博物館には、これまであまり絵具を混ぜ合わせる材料を見つけることができませんでした。博物館の多くは「見方」が限定されていて、私の見方が入り込む余地がありません。実物そのものやそれにつながるものはたくさんあるのに私には想像の太い綱をつむぐ細い糸を見つけることができないのです。

　「見る」ということは、特急電車のように一気に目的地に到達することができます。逆に「見えない」ということは各駅停車を乗り継ぎながら、じわじわと目的地に近づいていくようなものです。特急は早く到着します

が、目的地以外のことに気がつく暇がありません。

　一方、各駅停車を乗り継ぐ場合には時間がかかりますし、本当に到着できるのか、道中途方に暮れることもありますが、乗り継ぎならではの発見がある場合もあります。つまり、立場や条件によってさまざまな「ものの見方」が存在するのです。だからこそ、博物館にはさまざまな見方を想定した「見せ方」を持ち合わせてもらいたいのです。

　これはパンフレットやキャプション、スタッフによる解説にもいえることです。例えば「平安朝の服装」とか「ゴシック様式の建物」とか「アールデコ調の家具」などといわれても、言葉としては理解できますが、「見た（触れた）ことがないもの」は正直ピンときません。平安朝の服装とは一般的にどういうものなのか、ゴシック様式やアールデコ調の特徴とはどういうものなのかを、私たちがイメージできる言葉で説明してほしいのです。正確で専門的であるだけではなく、展示物とさまざまな人との架け橋になる解説がほしいのです。

　以前、ある美術館の企画展の手伝いをしたことがあります。絵巻や屏風、仏画などの日本画の企画展です。企画展の意図、視覚障がい者の観賞スタイル、予算・時間的制約を考慮しながら、目玉となる屏風絵などの触図数点と、日本画の画材やレプリカの絵巻に触れることができるコーナーを用意しました。

　視覚障がい者が絵を観賞する代表的な方法に、絵を立体的な点や線で表した「触図」があります（173ページの写真を参照）。ただ「見てわかりやすいもの」と「さわってわかりやすいもの」は違います。絵や地図、写真の輪郭をそのまま立体的な点や線で表せばわかるというものではないのです。「見る」ということは全体像をまさに一望でき、そこから細部を確認していけますが、「さわる」ということは指や手のひらに触れた細部を頭のなかで組み合わせ全体像をイメージしていくので、細かすぎたり入り組んでいるとすべてがぼやけてしまい何ひとつイメージすることができないのです。そのため触図を作成する際は元図の特徴や目的を明確にし、それが際立つようなデフォルメ作業を行います。また「さわって理解する」ということは「見て理解する」ことより時間を要します。この企画展で触図を数点に絞ったことにはそのような理由もありました。その代わりになか

なか見る機会のない日本画専用の筆や絵具などの画材に触れたり、レプリカの絵巻を用いて絵巻物の観賞スタイルを体験できるコーナーを設けました。もちろんこれだけで企画展を100%理解できるわけではありませんが、これらのアイテムがヒントとなり、観賞者の日本画観が多少なりとも深まれば、触れることのできない日本画の世界に入り込めるきっかけとなります。

　私自身、太さや毛先の形状が異なる筆に触れることで、技法や表現の多彩さを実感しましたし、何色かの絵具に触れることで、原料によって質感が異なることも初めて知りました。その後触図に触れると「この線は細い筆で丁寧に描いたのかな」「あの質感の絵具だと光のあたり方によって色合いが異なって見えるのかな」などと、それまで興味のなかったものでも能動的に楽しむことができるようになりました。また、巻物を広げたり、巻きとったりしながら読み進める巻物独特の観賞方法を体感してみると、巻物の形状が、畳の上に座り、文机に向かう日本の生活様式に合っていることが非常によくわかりました。

　博物館を訪れる理由は、展示物自体への関心はもちろんですが、その後ろに広がる世界観を味わうためだと思います。本やテレビやラジオでは感じられない実在感を求めて博物館に足を運ぶのです。

　誰もが楽しめる博物館（ユニバーサル・ミュージアム）になるには、さまざまな「見方」をする人に応じた「見せ方」を提案できる柔軟性が不可欠です。その一助となればと私の「見方」「見せ方」を紹介しました。どのような小さな事柄やものでも、視点が変われば知識を色彩豊かにする材料となります。そこにこそユニバーサル・ミュージアムへつながる一歩があるのです。

　博物館が、私にとっても誰にとっても好奇心をかきたて、色彩豊かな知識を描く材料の宝庫であり、「魔法の家」となりますように。

利用者の立場から考える②
「迎えられている」と
実感できる施設を

　20年ほど前、ある美術館の関係者から質問されたことがあります。「絵画の情報を文字に置き換えて点字や音声で案内することが視覚障がい者への配慮ということなら、何も美術館まで足を運んでいただかなくてもよいのではないでしょうか」と。そのときお話ししたのは「現場に身を置くことの大事さ」についてでした。ほかの観覧者とその場の空気を共有すること、そして周囲の人たちの作品に対する感嘆の声、感想を聞くことは展示物を理解するのにとても大切な要素であるということです。

博物館に対して抱いていた印象の変化

　子どもの頃、私は博物館が嫌いでした。施設が私のほうを向いてくれないから、好きになれなかったように感じていたのです。美術館や資料館など、各地に存在する展示施設全般に共通するものでした。

　生まれながら視覚に障がいをもっていた私は、学童期を弱視として過ごしました。当時の見え方は、新聞の見出しや街角に大きく掲げられた看板の文字は目の前まで近づければ読めるものの、小さい文字を読むことはできませんでした。暗い場所に入ると急に全盲同然まで視力が落ち（夜盲）、色を正確に見分けることもできませんでした。でも、遠くへ出かけることは大好きで、明るい場所では手引きを受けることなく、人のうしろ姿を見ながらついて行くことができました。ひとりで出かけるのはもちろん、周囲の全盲の人を逆に手引きしつつ出かけることもありました。

　しかし、団体旅行で「博物館見学」といった旅程が組まれていても、それを楽しむことはできませんでした。

　ガラス張りやアクリルのケースに入った展示物は、私にその存在すら気づかれまいとしているかのようにひっそりとたたずんでいます。キャプ

ションの小さな文字は読むこともできません。展示物に関する情報を何も得ることができないのです。加え、館内は総じて薄暗く、床は絨毯張りで周囲の足音が聞こえづらいので、結局、私は同行者とはぐれないようにすることのみに神経をすり減らし、展示物を鑑賞するという本来の目的を達成するのは困難でした。

そんな展示施設が「私のことも考えてくれているんだな」と感じさせるようになったのは、音声による展示解説が増えてきたことです。展示物の前に立って備えつけのボタンを押すと説明が聞こえてくるものや、施設側が準備した専用の端末を入館時に借りて操作することにより概略がわかるというものが出てきました。「私のような視覚障がい者も一観覧者として認知されている」「情報を伝えようという意思が伝わってくる」と感じられたのです。しかし、改善されていることに嬉しさを感じつつも、まだ何か展示物との「距離」が残り、十分な満足感を得ることは残念ながらできませんでした。

さらに時が経ち、ここ十数年でその「距離」がぐっと縮まったと感じられるタイミングが2回訪れました。一回目は展示物を直にさわることができたときです。ガラス越しに相対するだけだったり、文字の説明を音声で聞いていたのとはまったく違う感覚を得るとともに、施設との距離感も縮まったように思えました。展示物を手にとってじっくり鑑賞すると、例えば出土品ならその時代の人々の暮らしに思いをはせたり、現代の芸術作品なら作家の思いを感じとることができました。「これが本当の鑑賞なんだな」と初めて実感した瞬間でもありました。二回目は、視覚障がい者対象の見学ツアーがミュージアム主催で規格されているのを知ったときです。募集から当日の誘導（場合によっては最寄駅からのガイドも含む）、展示物の説明など、見えない人、見えづらい人に対象をしぼって、安心してじっくり鑑賞できる日があることは、まさにひとつの受け入れ方としてすばらしいと感じました。それを実施するにあたっては、事前準備、ガイドボランティアの募集や研修など、時間と労力を要することは明らかですが、アプローチの方法のひとつとしてこれは画期的と感じたものです。

展示方法と設備・サービスについて

　改めて、誰もが楽しめる博物館づくりにはどんな展示方法や設備・サービスが考えられるかを、視覚障がい者の観点から以下に列挙します。

　すでに述べたように、最も有効な展示法は手で直接触れるようにすることです。ただし貴重な資料は露出して展示することが困難な場合もあります。そのようなときには、レプリカでもその効果を大きく下げることはありません。しかし、ガラスやアクリルのケースをただ開けて触れることができるようにしただけでは不十分です。目で見るのと違い、手で触れて鑑賞するわけですから、それに適した位置に展示することが不可欠です。さらに、椅子やテーブルが用意された別の場所に作品などを移して、じっくりさわれるような工夫ができたらよいでしょう。大きめの文字とともに点字による展示物の説明も欠かせません。点字の説明は、指先で読まれることを踏まえ、読みやすい位置と分量に配慮することが必要です。

　弱視の人への配慮としては、施設全体の明るさを一定以上に確保することがストレスの軽減につながります。また、床と壁や柱、通路と展示コーナーなどの色の違いをはっきりさせることで見えやすくなります。表示は、目を近づけて確認できるようにするため、目の高さに掲示し、文字色と背景色にはっきりとした差をつけることが大切です。色覚障がいの人への配慮としては、色分けのみの案内ではなく、必ず文字情報も併記することが重要です。知的障がい者や外国人にとっては、文字よりイラストや色分けでの案内が有効といわれますが、逆に不便を感じる人がいることも知ってほしいと思います。

　視覚障がい者がひとりで、または障がい者どうしで博物館を訪れたときに真っ先に考えるのは、いかに係員のいる場所まで到達するかということです。入口を知らせる誘導用チャイムや入口から係員のいる場所まで自力でたどり着けるように敷設された黄色い誘導ブロックは不可欠です。誘導ブロックは、トイレや階段、エレベーターなどへ誘導するために延長して敷設することが望ましく、段差がある箇所の手前には危険を知らせるための警告ブロックを敷設することが事故防止につながります。

　ソフト面のサービスとしては、館内を案内するスタッフを準備しておく

ことが視覚障がい者の安心感につながります。視覚障がい者は、初めての場所をひとりで移動することがとても苦手です。手引きのスタッフを活用することで移動へのストレスを減らし、作品の鑑賞に集中することができます。しかし、気をつけるべきは「見えない人＝手引き」という機械的な対応では満足感は得られないということです。あくまでもスタッフは本人の主体的な鑑賞をサポートするための手引きであり、希望があれば迅速に応じる姿勢が望ましいと考えます。また、鑑賞中に手助けが必要になったときに、係員にすぐ伝わるような工夫があると安心です。各フロアに人員を配置することで、きめ細やかな対応ができると思います。

　視覚障がい者は数度訪れることによって施設の構造を頭に描くことができるようになり、ひとりでの移動が可能となるのです。

事前案内

　施設の案内や展覧会の情報などを視覚障がい者に確実に、そして魅力的なものとして伝えるには、媒体、案内の仕方、内容などに工夫が必要です。

　まず媒体に関しては、テレビやラジオといった放送での案内が音声情報として伝わるので有効です。インターネットのホームページでの情報発信も有効ですが、視覚障がい者が利用する画面読み上げソフトでは、情報量が多かったり画像を多用しているページの情報はなかなか伝わりません。それらのことを踏まえて、アクセシビリティに配慮したレイアウトを行い、画像には説明文をつけるなどの工夫が必要です（**図 5.3**）。

　紙媒体による案内では、視覚障がい者の文字である点字や拡大文字での案内となります。しかし、それらのチラシや案内文をポスターのように掲示したのでは視覚障がい者にはほとんど伝わりません。視覚障がい者のもとに情報を届けるためには、点字図書館など視覚障がい者がよく利用する施設や、盲学校や障がい者団体などにまず案内することが最も有効と考えられます。展覧会や施設の案内に加え、公共交通機関によるアクセス方法、障がい者への配慮について紹介し、安心して訪れ、鑑賞できることを明記することが大切です。そうすることで視覚障がい者の不安がとり除かれ、集客につながるものと思います。

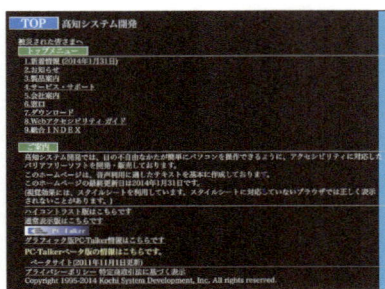

図5.3　パソコン操作を音声でガイドするソフト「PC-Talker」を開発・販売している会社のホームページ

ハイコントラスト版の画面（右）では、文字と画面の色が反転している。

〔資料提供：株式会社 高知システム開発〕

あとがき

　本書では、博物館展示の性格、理論、技術、展示評価など、多岐にわたるトピックをとり上げて解説を加えました。また、まえがきでも述べているように、本書の特徴のひとつはユニバーサル・ミュージアムをとり上げていることです。そして、今回、博物館浴と関連法令等を加えたこともすでにふれました。

　このように項目が追加されていることからもわかるように、現代の博物館には、従来とは次元の異なる役割が求められ、また博物館をめぐる環境も変わってきているといってよいでしょう。そうした動きと関連があるかどうかわかりませんが、近年、博物館においても展示があまり重要視されていないのではないかと思える館も現れているように感じられます。あたかも、博物館の今日的役割は展示よりも、展示以外のさまざまな活動にあるかのようです。

　しかし、1.1.1 項でも述べているように、博物館を訪れる人の多くは、展示を見に行っているのです。このことからは、博物館が今後どのような役割を担うことになろうとも、博物館である限りはまず展示ありき、ということです。そして、展示には、その博物館の理念や方針が反映されます。その博物館が何をめざしているかは、展示を見ればわかることなのです。

　ただ、そうかといって、博物館の展示室をある意味「聖域」とみなす必要はまったくありません。日本の美術館では、ハイヒールの音がうるさいというクレームがついたという、笑えない話もあります。あるいは、ある博物館ではギャラリートークをやると、それに参加していない来館者からうるさい、という声が上がったと聞きます。

　美術史家のダンカン・キャメロンは、テンプルとフォーラムという概念を提唱しましたが、前述の出来事は、日本では博物館がいまだに神聖な場所としてのテンプルであることをよく示しています。欧米が必ずしもよいというわけではありませんが、それでも大英博物館などでは展示室で子どもたちへの読み聞かせが行われ、ルーブル美術館の展示室もいろいろな言葉が飛び交う空間です。こうしたことは、世界では博物館はフォーラム、つまり、さまざまな人が出会う場になってきているということではないでしょうか。

　ここで強調したいことは、展示室はもっとさまざまな活動の場として使うことができる、ということです。逆にいえば、博物館活動は展示を中心として展開したほうが、より博物館らしくなるということです。そして、それが博物館をフォーラムとして展開していくことにつながるのだと思います。

　ところで、そうしたフォーラムとしての博物館を実現するためには、年齢、性

別、言語、国籍、障がいの有無や程度、文化的背景などを理由として博物館利用を妨げてはならない、ということが前提となります。そういう意味で、第5章のユニバーサル・ミュージアムは、フォーラムとしての博物館に近づくための必須条件ともなるでしょう。

　真にフォーラムとして機能する博物館は、真に自由で民主的な空間を構成します。博物館展示はそのための場なのです。本書を通じて、場としての展示をより意識されれば、編者としては大きな喜びです。

黒澤　浩

索　引

和文

あ行

ICT 機器　14
IPM（総合的有害生物管理）　64
アイランド展示ケース　74
アウトリーチ活動　14
アクセシビリティ　193
アシュモレアン博物館　26
アンケート調査　158
アンジェラ・クロウ　36
暗順応　78

イギリス博物館協会　36
茨城県自然博物館　33
指宿市考古博物館　108
異文化展示　8
色順応　78
イラストレーション　98
陰影　72
イントロダクション展示　31

ウィリアム・ルービン　10
ウェストミンスター大学　36
ウェルビーイング　35
ウォークスルー型ジオラマ　107
ウォールウォッシャ照明　74
映り込み　75
梅棹忠夫　25, 178

エアタイトケース　60, 83
AR 技術　123
映像・音響展示　29
エコミュージアム　29
SEO　140
SNS　49, 141
MLKA 連携　33
LED　75, 86
演示　29
鉛丹　66
エンディング展示　31
鉛白　66

おうちミュージアム　27
オークランド大学　36
オーディオ・ガイド　112
オープン展示照明　74
屋外展示　29
屋内展示　29
オゾン層破壊物質　64
オピニオン・バンク　172
温湿度　40, 62, 82, 84
温湿度調整　51
音声ガイド　112, 119
温度　60
オンライン展示　172

か行

海外移住資料館　126
会期　46
開催要項　46
解説員　112
解説書　146
解説展示　29

解説パネル　91, 112
回想法展示　33
ガイドブック　146
学術系展示　24
概念図　99
学芸員　112
拡大文字　193
貸出展示　32
型どり　101
カタログ　146
カタログ・レゾネ　147
価値創造　38
学校教育　14
カッティングシート　93
可動展示　30
可動壁　51
カルナヴァレ博物館　152
川口幸也　6
環境管理　59
観光庁　127
観察調査　158
観察法　167
鑑賞型展示　31
鑑賞者　59
間接照明　74
完全強制動線　56

企画書　46
企画段階評価　156
企画展　30
GIGA スクール構想　170
ギ酸　66
季節展示　30
客観テスト　158
キャプション　92

ギャラリートーク　17, 112, 132, 136
九州産業大学美術館　18
教育型展示　31
教育資源　5
驚異の部屋　26
行間　95
強制動線　56

空間軸展示　32
グラフィック・パネル　112
グラフィック管理表　92
グラフィック展示　29
グレア　75

K（ケルビン）　86
形成的評価　156
携帯端末装置　119
ケース展示照明　74
結合展示　33
原型型　101
健康に及ぼす効果　35
検索エンジン最適化　140
現状確認調書　52
現状複製　100
現代美術　13, 56
建築化照明　74
現地保存型展示　29

講演会　52
公開ゾーン　55
公共性　13
考古資料　48
構造展示　32
行動観測　158
公衆送信権　43

公表権　42

幸福追求権　42

公平性　13

広報　49, 139

公立博物館　13

コーナーサイン　91

ゴール・レファレンス法　156

国際博物館会議　4

国立アメリカ歴史博物館　165

国立科学博物館　121

国立科学博物館日本館　34

国立航空宇宙博物館　8

国立新美術館　2

国立民族学博物館　25, 57, 175, 177

個人情報　42

古美術館　115

コラム展示　34

コルチゾール　36

コロタイプ印刷　103

コンディションレポート　52

さ行

災害　68

歳時記展示　30

埼玉県砂川遺跡　105

彩度　97

サウス・ケンジントン博物館　23

酢酸　66

作品集　146

参加・体験展示　30

酸化エチレン　64

三次元　101, 104

三次元計測　101

三次元計測データ　→　3D データ

飼育・栽培展示　30

シーズニング　52, 60

ジェームズ・クリフォード　10

汐留ミュージアム　75

ジオラマ　106

ジオラマ・パノラマ展示　29

紫外線　62

紫外線吸収膜付きランプ　86

視覚　174

視覚経験　186

視覚障がい者　13, 174

滋賀県立琵琶湖博物館　33

シカゴ美術館　183

時間軸展示　32

色覚障がい　192

施設管理権　43

事前案内　193

自然史博物館　30

自然循環式ケース　83

実演展示　30

質感　72

実験展示　30

漆工品　59

湿度　60

室内空気汚染　66

実物資料　30

社会教育機関　15

社会教育法　4

弱視　184

写真　98

写真パネル　112

臭化メチル　64

什器　51

集客　139

集客ツール　144

収集保存型展示　29
収蔵庫　31, 55
収蔵展示　30
収蔵品データベース　20
自由動線　56
重要文化財　24
出品　48
シューティング　79
手話　128, 174
巡回展示　32
生涯学習　33
障がい者団体　193
情景再現型展示　109
衝撃　67
照射時間　63
常設展　46
常設展示　30
常設展示室　55
肖像権　42
象徴展示　31, 32
照度　40, 63
照度均斉度　75
商品系展示　24
照明設備　12
照明展示　29
触学　178
触察　180
触図　188
触文化　177
触文化展示　174
書体　96
所有権　43
触覚　176, 179
シリコンゴム　101
資料状況調書　52

資料所有者　48
資料リスト　48
シルクスクリーン印刷　93
新規来館者　139
振動　67
シンボル展示　31

ステファノ・マスタンドレア　36
ストレス軽減　37
ストレスホルモン　36
錫箔　101
図パネル　112
スポットライト照明　74
スマートホン　122, 124
スミソニアン協会　8
3D　101, 104
3D 計測　101
3D スキャニング　102
3D データ　104
3D プリンタ　104

生態展示　32
静態展示　30
赤外線　63
説示型展示　115, 147
説明型展示　31
宣伝　49

総括的評価　157
相関係数　170
造形物　106
総合的有害生物管理（IPM）　64
総合展示　30
操作説明パネル　92
ゾーニング　50, 54

た行

大英博物館　57

対比・対照展示　32

台割　148

ダウンライト照明　74

多言語表記　125, 174

タッチギャラリー　183

棚橋源太郎　115

タブレット端末　120

短期展示　30

団体見学　133

中央広場型　55

聴覚　176

長期展示　30

調湿剤　60

著作権　151

著作権者　41

著作権法　40

著作物　40

著作者　40

チラシ　141

提示型展示　115, 147

デイジー・ファンコート　35

ディスプレイ　23

定性調査　167

定点観測　158

低反射ガラス　89

定量調査　166

テキストマイニング　170

デザインフォーマット　93

データマイニング　170

テーマ展示　30

展示　2, 4, 12

点字　174, 190

展示会場　50

展示解説　111, 117

展示解説パネル　165

展示ガイド　112

展示替え　48, 85, 165

展示学　25

展示環境　51, 59

展示グラフィック　90

展示ケース　12, 39, 50, 74, 82

展示権　41

展示室　12

展示照明　74

展示スペース　48

展示図録　50, 146

展示装置　165

展示台　51

展示動線　55

点字図書館　193

展示の制約　12

展示評価　156

展示品　13

東京都江戸東京博物館　27

動線　54

導線　54

動線計画　54

動態展示　30

盗難　67

導入展示　31

動力展示　30

ドーム型ジオラマ　107

特別展　30, 46

特別展示室　55

トヨタ博物館　161
トリミング　98

な行

内国勧業博覧会　23
長崎原爆資料館　126
名古屋市博物館　152
慣らし　60
南山大学人類学博物館　152

二次資料　31
日本画　59
日本科学未来館　172
日本展示学会　25
日本博物館協会　14
ニューヨーク近代美術館　10

熱線カットフィルタ　86

直方谷尾美術館　16
覗きケース　82

は行

バーチャル展示　26
バーチャルツアー　27
バーチャル・ミュージアム　20
背景画　106
ハイケース　82
博物学　23
博物館　2
博物館学　3
博物館教育　5
博物館共催展示　32

博物館資料　13
博物館展示　7
博物館友の会　134
博物館法　4
博物館浴　35
パッシブインジケーター　84
パネル展示　29
パブリックドメイン　41
場面転換　31
バリアフリー法　39
半強制動線　56
ハンズオン展示　20, 30, 102, 182

BYOD　122
美学　3
光　62, 71
光天井照明　74
光の計画　77
光のコンセプト　77
非公開ゾーン　55
美術　10
美術工芸資料　115
美術史　3
美術品専用車　51
美術品輸送専門業者　51
ピックアップ照明　74
ピナコテーク　25
兵庫県立歴史博物館　34
表装　51
表面特性　72
非来館者　164
広島平和記念資料館　125

Facebook　49
フォーマット　148

フォトジオメトグラフィ　104

福岡市美術館　62

復元複製　100

複製　100

複製権　42

部族美術　11

物産会　23

部門展示　30

プライバシー権　42

フランス国立自然史博物館　33

ブランディング　143

プリミティヴィズム　10

プレスリリース　49, 140

ブログ　49

プロセス展示　32

文化芸術基本法　14

文化財害虫　64

文化財防火デー　68

文化財保護法　68

文化庁　18

分光反射率特性　73

分光分布　73

分節点展示　31

分類展示　30, 32

平面巡回型　55

平面物　103

壁面ケース　74, 82

ヘルスケア産業　38

ペンシルバニア美術館　57

包括的展示　33

防犯防災　51

ポータルサイト　140

ポスター　141

保存　13

北海道博物館　27

ボックス型ジオラマ　106

ポートフォリオ分析　170

ホームページ　139

ボランティア　112, 136

本草学　23

ポンピドゥーセンター　57

ま行

マーケティング　164

マイミュージアム展示　33

松宮秀治　6

マネジメント　164

三重県総合博物館　62

ミカエラ・ロウ　36

見方　187

見せ方　188

密閉式ケース　60, 83

美濃加茂市民ミュージアム　159, 161

宮川香山 眞葛ミュージアム　144

ミュージアム　25

ミュージアム・アイデンティティ　143

ミュージアムマネジメント　139

民博　→　国立民族博物館

明治大学博物館　133, 134, 152

明順応　78

メカニック・ロボット展示　29

メッセージ主導型の展示　3

免震装置　88

面接調査　158

面接法　167

メンテナンスハッチ　88

盲学校　193

模型展示　29

文字間　95

文字組　94

文字パネル　112

模造品　106

モダニズム美術　11

モダン・アート　10

モックアップ　157

モノとの対話　179

モバイル・ミュージアム　2

や行

野外展示　29

薬品会　23

山種美術館　76

「闇」の復権　175

有機酸　66

油彩画　59

ユニバーサル・ミュージアム　174

ユニバーサルデザイン　165, 174

ら行

来館者調査　166

ライティング　79

ライティングダクト　74

立体物　101

利用者サービス　13

利用者層　164

リラックス効果　37

ルーブル美術館　57

レイアウト　12

歴史展示　56

レプリカ　100

レプリカ製作　104

連携展示　33

廊下接続型　55

ローマ・トレ大学　36

露出展示　180

ロンドン大学　35

ロンドン万国博覧会　23

わ行

ワークシート活用展示　30

ワークショップ　142

数字・欧文

3D　101, 104

3D 計測　101

3D スキャニング　102

3D データ　104

3D プリンタ　104

AR 技術　123

BYOD　122

Facebook　49

GIGA スクール構想　170

ICT 機器　14

IPM（総合的有害生物管理） 64

K（ケルビン） 86

LED 75, 86

MLKA 連携 33

Museum Bathing（博物館浴） 35

SEO 140

SNS 49, 141

MEMO

MEMO

M E M O

MEMO

編著者紹介

黒澤　浩（文学修士）
（くろさわ　ひろし）

1987 年、明治大学大学院文学研究科史学専攻博士前期課程修了。
明治大学考古学博物館（現 明治大学博物館）学芸員を経て、
2004 年、南山大学人文学部助教授（2007 年より准教授）。
現在、南山大学人文学部教授。
専門は博物館学、考古学。

NDC709　　　219p　　　21cm

博物館展示論　第 2 版　　学芸員の現場で役立つ基礎と実践
（はくぶつかんてんじろん）（だい はん）（がくげいいん げんば やくだ きそ じっせん）

2025 年 3 月 11 日　　第 1 刷発行

編著者　　黒澤　浩
　　　　　（くろさわ　ひろし）
発行者　　篠木和久
発行所　　株式会社　講談社
　　　　　〒 112-8001　東京都文京区音羽 2-12-21
　　　　　　　　販売　(03) 5395-5817
　　　　　　　　業務　(03) 5395-3615

KODANSHA

編　集　　株式会社　講談社サイエンティフィク
　　　　　代表　堀越俊一
　　　　　〒 162-0825　東京都新宿区神楽坂 2-14　ノービィビル
　　　　　　　　編集　(03) 3235-3701
本文データ制作　株式会社エヌ・オフィス
印刷·製本　株式会社ＫＰＳプロダクツ